Karl-Heinz Thifessen

DUNKLE GESCHICHTEN AUS Mönchengladbach

Bildnachweis
picture alliance/Roland Weihrauch/dpa-dpaweb:S. 6; Karl-Heinz Thifessen: S. 9, 11, 20, 26, 36, 51, 57, 62, 66, 73, 77; Jonas Maaßen: S. 16, 44, 45, 79; Archiv der Gemeinde St. Maria Rosenkranz in Mönchengladbach-Eicken: S. 22; privat: S. 29; Archiv der Neuwerker Heimatfreunde: S. 32; Homepage Nachaktiv: S. 35; Münsterarchiv der Pfarre St. Vitus Mönchengladbach: S. 39, 60; Stadtarchiv Mönchengladbach: S. 41; picture alliance/ Foto Huebner: S. 48; picture alliance/Achim Scheidemann/dpa: S. 54

Danksagungen:
Wenn ein neues Buch entsteht, sind daran – neben dem Autor – meistens auch andere Personen beteiligt. So möchte ich mich bedanken bei all denjenigen, die meine Geschichten mit Hinweisen und Fakten anreicherten. Ein besonderer Dank gilt meiner Frau Helga. Ihre Ratschläge beim ersten Korrekturlesen waren mir stets sehr hilfreich. Bedanken möchte ich mich auch bei meinem Enkel Jonas Maaßen, dessen Fotos zur notwendigen Anschaulichkeit beitragen.

1. Auflage 2020

Umschlaggestaltung: r2 | Ravenstein, Verden
Layout und Satz: Schneider Professionell Design, Schlüchtern-Elm
Druck: Druckerei Zimmermann Druck + Verlag GmbH, Balve
Buchbinderische Verarbeitung: Buchbinderei S. R. Büge, Celle

34281 Gudensberg-Gleichen, Im Wiesental 1
Tel. 0 56 03 - 9 30 50 www.wartberg-verlag.de
ISBN 978-3-8313-3296-0

Inhalt

Vorwort

Eines vorweg:
In den Geschichten dieses Buches habe ich den Namen der Stadt Mönchengladbach immer so geschrieben, wie er heute verwendet wird. Dabei möchte ich nicht unerwähnt lassen, dass die Schreibweise im Laufe der Jahrhunderte mehrfach geändert wurde. Das Spektrum reicht von Gladdebach, Gladbach, München-Gladbach über M.Gladbach zum heutigen Mönchengladbach.
Durch alle Zeiten jedoch haben sich schöne und schaurige Erzählungen erhalten, die dazu beitrugen, das Bild unserer Stadt nachhaltig zu prägen. Einige davon sind so dargestellt, wie sie mir überliefert wurden, wie ich es selbst miterlebt oder recherchiert habe.
Es sind 17 Geschichten aus unterschiedlichen Epochen. Sie reichen vom 18. Jahrhundert bis in die jüngste Vergangenheit. Wer sich auf dieses Buch einlässt, erlebt tragische Momente ebenso wie Augenblicke zum Schmunzeln oder Erinnerungen an Zeiten, die hoffentlich nie wieder zurückkehren.
Ich wünsche Ihnen ein kurzweiliges Lesevergnügen und vielleicht gewinnen Sie dabei einen ganz anderen Blick auf unsere liebenswürdige Stadt am linken Niederrhein.

Karl-Heinz Thifessen

Zwei Flutlichtmasten gehen in die Verlängerung

„Ich geh mal wieder die Bökelbergrunde“, verabschiedet sich Walter am Vormittag des 7. März 2006 von seiner Frau. Der Himmel ist bewölkt, nur ab und zu lugt die Sonne hervor. Wehmütig schaut sie zu, wie er die grüne Jacke mit der Borussen-Raute auf der Brust überstreift. Sie weiß, wie schwer ihm gerade heute dieser Gang fällt.

Bevor er das Haus verlässt, dreht er sich noch einmal um: „Es könnte etwas später werden als sonst!“

Walter, seit Jahresbeginn Rentner, geht viel spazieren und umrundet fast jeden Tag die Stätte, die er von Kindheit an wie seine eigene Hosentasche kennt. Hier spielte er einst Fußball in allen Mannschaften der Jugendabteilung. Die Rede ist vom Stadion am Bökelberg, dort wo Borussia Mönchengladbach in den 70er-Jahren fünfmal die Deutsche Fußballmeisterschaft gewann. Kaum mehr als eine halbe Stunde braucht er für diese Strecke, selbst bei Regenwetter kein Problem.

Aber heute ist alles anders. Bauzäune und Absperrgitter wohin man schaut. Wachpersonal überall. Kein Unbefugter darf auch nur einen Fuß breit auf das Stadiongelände. Es besteht Lebensgefahr. Dennoch herrscht ein Andrang wie seit Langem nicht mehr. Einige kommen von weither, tragen Fankleidung, als würde in wenigen Minuten ein Bundesligaspiel angepfiffen. Selbst Anhänger des ewigen rheinischen Rivalen aus Köln mischen sich, freilich in die Vereinsfarben ihres Clubs gehüllt, unter die Schaulustigen und werden mit Beifall begrüßt.

Das Wetter zeigt sich wenig frühlingshaft, eher trüb, die Sonne lässt sich nur ab und zu einmal blicken. Walter trifft Bekannte, schnell kommt er mit ihnen ins Gespräch. Erinnerungen werden

Der Abriss des Bökelbergstadions 2006.

wach an Zeiten, als ihre Fohlenelf in diesem Stadion den deutschen Fußball dominierte. Weltbekannte Größen wie Günter Netzer, Berti Vogts und Jupp Heynckes – um nur drei zu nennen – zelebrierten hier höchste Fußballkunst und verwandelten die ehemalige Kiesgrube in einen Hexenkessel. Nichts hat die Bekanntheit der Stadt mehr gefördert als diese Zeit. Heute soll ein letztes Finale stattfinden.

Es ist kurz vor 12:00 Uhr. Journalisten und Kamerateams drängen sich unter die Zaungäste, bitten den einen oder anderen zum Interview, erhalten bereitwillig Antworten. Viel Nostalgie ist dabei, zum Beispiel die Erinnerung an den 30. April 1970, Borussia gewann mit einem 4:3 Zittersieg gegen den Hamburger SV zum ersten Mal die Deutsche Fußballmeisterschaft. Mönchengladbach stand Kopf, in allen Stadtteilen läuteten die Kirchenglocken. Oder an den Büchsenwurf im Europapokalspiel gegen Inter Mailand am 20. Oktober 1971, der stolze 7:1 Sieg der Borussia wurde damals aberkannt, … oder … oder. Manche lassen ihren Tränen freien Lauf.

Walter wird von einem Reporter angesprochen. Unaufgefordert hält dieser ihm das Mikrofon vor den Mund und Walter spricht das aus, was die meisten hier denken: „Eine Schande, ein dunkler Tag für die Stadt Mönchengladbach. Eine Kultstätte des deutschen Fußballs verschwindet für ein schnödes Neubaugebiet."
Die Bundesligamannschaft trägt bereits seit zwei Jahren ihre Heimspiele im neu erbauten hochmodernen Borussia-Park am anderen Ende der Stadt aus. Einfach weggezogen aus dem Stadtviertel, wo sich der ehemalige Arbeiterverein vor über 100 Jahren gründete. Das alte Bökelbergstadion, in dem bestenfalls 35.000 Zuschauer Platz fanden, entsprach nicht mehr den Anforderungen des modernen Fußballs.
Wochenlang wüteten unter ohrenbetäubendem Lärm die Bagger einer Abrissfirma aus Magdeburg. Nach und nach brach auseinander, was in fast 90 Jahren gewachsen war. Walter bekam all dies bei seinen täglichen Spaziergängen mit. Schließlich steht nur noch die mächtige Tribüne, flankiert von zwei Flutlichtmasten. Alle Augen richten sich dorthin, denn heute sollen auch sie dem Erdboden gleichgemacht werden. In 150 Bohrlöchern brachten die Fachleute sorgfältig 80 Kilogramm der Sprengstoffe Ammoniumnitrat und Nitroglykol unter. Gegen 13:00 Uhr wird es so weit sein, dann werden die weithin sichtbaren Flutlichtmasten, mit denen das Tribünendach über acht schwere Stahlseile verbunden ist, der Vergangenheit angehören. Ein Polizeihubschrauber kreist laut ratternd wie ein weithin sichtbares Fanal über dem Bökelberg, der seit 1919 Spielstätte der Borussia war. Kurz vor der Sprengung rollt Prominenz an: Mönchengladbachs Oberbürgermeister Norbert Bude und Borussen-Präsident Rolf Königs wollen sich den spektakulären Schluss- und Höhepunkt der Abbrucharbeiten nicht entgehen lassen. Endlich: Lautes Zischen, Donnern, Qualmen! Alles scheint wie geplant zu funktio-

nieren. Unter- und Oberrang der Tribüne brechen, eingehüllt in einer mächtigen Staubwolke, zusammen.
Doch was ist das? Erstaunt blicken die Zaungäste auf das Szenario. Die Mitarbeiter des Abrissunternehmens wollen gar nicht glauben, was sie sehen. Die beiden Flutlichtmasten wanken zwar beträchtlich, auch das Tribünendach schwankt hin und her, aber sie fallen nicht. Wie zwei Wächter stehen sie da, als wollten sie das Dach mit allen ihnen zur Verfügung stehenden Mitteln verteidigen. Bestürzung beim Sprengmeister.
Im krassen Gegensatz dazu: unverhohlene Schadenfreude bei den Zuschauern. Viele brechen in lauten Jubel aus, klatschen Beifall. Walter reckt begeistert die Arme in die Höhe, als hätte seine Borussia soeben ein entscheidendes Tor erzielt. Spontan fällt er seinem Nachbarn um den Hals. „Der Bökelberg ist nicht kleinzukriegen!“, ruft er in die Runde.
Gebannt blicken alle auf den Schauplatz. Offensichtlich haben einige Sprengsätze nicht richtig funktioniert. Vertreter der Medien sprechen bereits von einer Megapleite. Selbst der Baustellenleiter räumt den Fehlschlag ein. Wie ein Lauffeuer verbreitet sich die Meldung über die misslungene Sprengung in der Stadt. Immer mehr Schaulustige strömen herbei. Wie geht es weiter? Will man etwa noch einmal sprengen?
Rasch ziehen sich die Verantwortlichen zur Beratung zurück. Nach kurzer Zeit fällt die Entscheidung: Ein Abrissbagger soll es schaffen, die Stahlseile zu zerteilen, dann würde alles in sich zusammenstürzen. „Es geht in die Verlängerung“, sagt Walter zu seinem Nebenmann. „Jaja, wie so oft am Bökelberg“, stimmt dieser ihm zu.
Dann ist es so weit: Behäbig rollt der Bagger Richtung Flutlichtmast. Der Fahrer erhält letzte Anweisungen: Masten und Tribünendach müssen aufs alte Spielfeld kippen, alles andere wäre

Ein Denkmal für das Bökelbergstadion.

eine Katastrophe. Vorsichtig macht er sich an den Stahlseilen zu schaffen. Eine wackelige Angelegenheit. Nur kein Unfall! Gekonnt kappt der Baggerfahrer mit dem langen Auslegearm ein Stahlseil nach dem anderen. Am Ende müssen sechs der acht Seile durchtrennt werden, bis sich die beiden Flutlichtmasten geschlagen geben und mit lautem Krachen nebst Tribünendach zusammenstürzen.

Walter treten Tränen in die Augen. Nun ist es amtlich, das alte Bökelbergstadion gehört der Vergangenheit an, gestrichen vom Stadtplan. Als er nach Hause kommt, nimmt seine Frau ihn in den Arm. Sie hatte am Radio mitbekommen, was passiert war. „Trink dir erst mal etwas Warmes“, sagt sie, holt seinen Lieblingsbecher aus dem Schrank und füllt ihn mit dampfendem Kaffee. Auf dem Becher prangt groß die Borussen-Raute. Nachdenklich schlürft er das warme Getränk und wischt sich mit dem Handrücken über den Mund: „Auf neue Fußballzeiten!“

Die Unglückszüge 1917 und 1918

Nur ab und an besucht noch jemand gezielt den unscheinbaren Gedenkstein auf dem städtischen Friedhof in Mönchengladbach-Holt. Meist sind es ältere Menschen, die kurz verharren, einen Blick auf den Text werfen und vielleicht ein kleines Gebet sprechen.

Sie stehen vor einer Steinplatte, die an das erste von zwei besonders dunklen und erschütternden Ereignissen der Mönchengladbacher Geschichte erinnert. In den Kriegsjahren 1917 und 1918 verunglückten insgesamt 58 Kinder aus der Stadt bei zwei Eisenbahnunfällen tödlich. Sie nahmen an Erholungsfahrten des Vereins „Landaufenthalt für Stadtkinder" teil und befanden sich mit Sonderzügen der Reichsbahn auf der Rückfahrt in die Heimat.

In den beiden letzten Jahren des Ersten Weltkrieges litten besonders die Stadtkinder unter Mangelernährung. Private Geldgeber und die Caritas organisierten für Bedürftige mehrwöchige Ferienaufenthalte in der Umgebung. Nach dem berüchtigten Steckrübenwinter 1916/17 waren sogar Todesfälle, die sich auf Unterernährung zurückführen ließen, keine Seltenheit. Daraufhin gründete sich in Berlin im Frühjahr 1917 unter Schirmherrschaft der Gattin des Deutschen Kaisers der Verein „Landaufenthalt für Stadtkinder". Die Städte im Reich wurden aufgefordert, dieser wohltätigen Organisation beizutreten.

Auch Mönchengladbach zögerte nicht. Somit stand den ersten sogenannten „Kinderlandverschickungen" nichts mehr im Wege. Bevorzugte Ziele waren die ländlichen Gebiete in Pommern und Ostpreußen. Begleitet wurden die Transporte von Lehrerinnen oder Lehrern. Bereits im Mai 1917 startete am Hauptbahnhof der erste Sonderzug mit 150 unterernährten Kindern im Alter von 13 und 14 Jahren aus dem Landkreis Mönchengladbach zu einem längeren Erholungsaufenthalt Richtung Ostpreußen. Unterwegs stiegen in verschiedenen Städten weitere Kinder hinzu. Die Bevölkerung nahm das Erholungsprogramm dankbar auf und in den kommenden Monaten folgten mehrere Züge in die ländlichen Ostgebiete. Mitte Oktober 1917 traten 125 Kinder aus der Stadt die Rückreise in die Heimat an. Bei freundlichen Gastfamilien im westpreußischen Tuchel verlebten sie erholsame Sommermonate mit guter Ernährung. Dennoch sehnten die meisten das Wiedersehen mit Eltern und Geschwistern herbei. Für 25 Kinder aus Mönchengladbach endete diese Fahrt jedoch in einer Katastrophe, die bei den Bewohnern der Stadt, obwohl seit Jahren an kriegsbedingte Todesnachrichten gewöhnt, nachhaltiges Entsetzen hervorrief.

Eine einfache Gedenkplatte erinnert an die toten Kinder vom Eisenbahnunglück 1917.

Es war die Nacht auf den 16. Oktober gegen 3:30 Uhr, als der Sonderzug aus Tuchel mit annähernd 1000 meist schlafenden Kindern die Strecke Stendal–Berlin befuhr und den kleinen Bahnhof von Schönhausen an der Elbe passieren sollte. Dichter Nebel verschlechterte die Sicht. Kurz zuvor fuhr ein mit Kartoffeln beladener Güterzug in den Bahnhof ein und hielt dort planmäßig an. Das daraufhin eingeschaltete Haltesignal für den mit hoher Geschwindigkeit herannahenden Sonderzug erkannte der Lokomotivführer im Nebel nicht und prallte ungebremst auf den Güterzug. In der Folge spielten sich auf dem Bahnhofsgelände dramatische Szenen ab. Mehrere Personenwagen sprangen aus den Gleisen und wurden zertrümmert. 25 Mädchen und Jungen aus Mönchengladbach sowie ein Schaffner fanden bei dieser Katastrophe den Tod, während der Lokführer sich kurz vor dem Aufprall durch einen beherzten Sprung retten konnte. Weitere 15 Kinder und eine Begleiterin erlitten schwere Verletzungen.

Nichts von dem Unglück ahnend, warteten die Eltern am folgenden Nachmittag um 17:30 Uhr vergeblich auf das planmäßige Eintreffen des Sonderzuges im Mönchengladbacher Hauptbahnhof. Obgleich sich nach und nach Vorahnungen über einen möglichen Unfall verbreiteten, vertrösteten Mitarbeiter der Bahn – ebenfalls in Unkenntnis der tatsächlichen Ereignisse – die Angehörigen über viele Stunden hinweg und sprachen lediglich von einer erheblichen Verspätung.

Als um Mitternacht Bürgermeister Sieben vor die immer noch Wartenden trat, wurde das ganze Ausmaß des Unglücks im Bahnhof von Schönhausen bekannt. Eisenbahnbeamte führten die Eltern der ums Leben gekommenen Kinder in einen separaten Raum. Erschütternde Szenen spielten sich ab, mehrere Eltern brachen unter dem Schock zusammen. Gegen drei Uhr traf ein Zug mit den Überlebenden der Katastrophe in Mönchen-

gladbach ein. Die Bürger reagierten entsetzt, als erste Nachrichten vom Tod der Kinder bekannt wurden. Dementsprechend groß war die Teilnahme an den Beisetzungen.
Viele Menschen glaubten, schlimmer könne es für eine Stadt nicht kommen, doch sie ahnten nicht, was ein knappes Jahr später passieren sollte. Wieder waren es Kinder, die auf tragische Weise ums Leben kamen.
Am 11. September 1918 rollte erneut ein voll besetzter Sonderzug nach einem Landaufenthalt, diesmal aus dem Landkreis Angerburg in Ostpreußen, Richtung Westen. Unverantwortlich fahrlässiges Verhalten des Lokführers – immerhin waren ihm über 1000 Kinder aus verschieden Städten anvertraut, davon 430 aus Stadt und Landkreis Mönchengladbach – mündete fast zwangsläufig in diese zweite Eisenbahnkatastrophe innerhalb eines Jahres. Diesmal beklagte die Stadt sogar 33 tote Kinder.
Schon bei der Abfahrt in Angerburg wusste der Zugführer von Schäden an der Luftdruckbremse und forderte zusätzliches Personal an. Unterwegs stiegen Bremser ein, denn mittlerweile kam der Zug nur noch mit der Handbremse zum Stillstand. Auf einer abschüssigen Strecke vor dem Bahnhof von Schneidemühl, im heutigen Polen gelegen, gelang es selbst den Bremsern nicht mehr, den voll besetzten Sonderzug zum Stillstand zu bringen, und er rollte mit einer Geschwindigkeit von 40 km/h auf einen Güterzug.
Auch dieses Unglück geschah in den frühen Morgenstunden, kurz vor 5:00 Uhr, als fast alle Kinder schliefen. In den zerstörten vorderen Waggons waren die meisten Toten zu beklagen.
Am Hauptbahnhof in Mönchengladbach spielten sich ähnliche Szenen ab wie ein knappes Jahr zuvor. Nur diesmal hatte sich der Unfall bereits herumgesprochen. Obwohl es regnete und heftiger Wind blies, bekundeten zahlreiche Menschen auf dem Vorplatz ihre Anteilnahme.

Im Rathaus am Abteiberg wurden die 33 Särge mit den tödlich verunglückten Kindern aufgebahrt. Welche landesweite Betroffenheit das Unglück auslöste, zeigte die Teilnahme hochrangiger Persönlichkeiten des öffentlichen Lebens an den Beisetzungen, unter ihnen auch der Kölner Erzbischof Kardinal von Hartmann. Selbst aus Berlin kondolierte Seine Majestät der Kaiser per Telegramm höchstpersönlich. Obwohl Deutschland nur wenige Wochen später mit der Katastrophe des verlorenen Krieges konfrontiert wurde, blieben die Eisenbahnunglücke von Schönhausen und Schneidemühl in unserer Stadt unvergessen. Die kleine Gedenktafel auf dem Friedhof in Holt erinnert an die schrecklichen Tage.

Eine Geschichte über dunkles Bier

„Lautes Lachen schallt aus fröhlicher Runde. Es sprießt die Rede, es blüht der Witz. Auf dem Tisch steht das Bier, um das sich die Menschen versammelt haben.“ Kaum etwas lässt sich schwieriger in Worte fassen als Leidenschaft, doch wer von uns hat nicht schon mal von einer solchen Szene gehört oder gar rege an ihr teilgenommen. In dieser Geschichte geht es nicht um irgendeinen Gerstensaft, sondern um obergärig gebrautes, dunkelbraunes Altbier.

Kein anderes Getränk spiegelt so sehr regionale Eigenschaften wider, wie das Bier. Deutlich wird dies am Geschmack der verschiedenen Sorten, die nach dem strengen deutschen Reinheitsgebot landauf, landab hergestellt werden. Die bunte Palette reicht vom klaren, hellen Pils im Norden bis zum mit Hefe versetzten trüben Weizenbier im Süden. Dazwischen sind die

Grenzen fließend, je nach Land und Leuten. Zu den regionalen Eigenheiten zählen außerdem spezielle Trink- und Schankgewohnheiten, die zwischen Stadt und Land durchaus differieren können.

Eine ganz bestimmte Biersorte gehört zu den Regionen des Niederrheins und besonders den Städten Mönchengladbach, Neuss und Düsseldorf wie das flache Land, der Rhein, die Industrie und der Fußball. Die Rede ist von einem dunkelbraunen Spezialbier mit Schaumauflage. Alt (so wird es von seinen Freunden knapp und liebevoll genannt) ist zweifellos fester Bestandteil der rheinisch-westfälischen Lebensart. Unsere Vorfahren kannten bis zum 19. Jahrhundert kaum eine andere Biersorte.

Zugegeben, nicht jeder Gaumen freut sich über den rustikal-herzhaften Charakter dieses Bieres. Dennoch – ohne Alt kann in Mönchengladbach und Umgebung keine Kneipe und kein Restaurant auf Dauer existieren.

Doch was macht das Besondere dieser dunklen Biersorte aus? Zum einen liegt es an der Tradition. Für manchen war das Altbier „schon immer" da. Aber ganz so einfach ist es natürlich nicht, obwohl in Mönchengladbach und im benachbarten Korschenbroich die ältesten deutschen Altbierbrauereien ansässig sind. Es gibt weitere Städte am Niederrhein, die ebenfalls auf eine uralte Brautradition in ihren Mauern verweisen. Wie auch immer, über die Herkunft der Bezeichnung „Altbier" gibt es glücklicherweise einen Konsens: Der Name verweist auf dessen Herstellung, die „nach alter Brauart" erfolgt.

Und der historische Ursprung? Da man ohnehin keineswegs von der Erfindung des Bieres schlechthin sprechen kann, ist man auf Überlieferungen und Annahmen angewiesen, um den ersten Brauern des Altbieres halbwegs auf die Schliche zu kommen. Wie so oft, wenn es um wohlschmeckende Getränke

Typisch Rheinland!

geht, waren es wahrscheinlich Mönche, die in ihren Klosterbrauereien für die ansonsten mageren Wochen der Fastenzeiten Starkbier mit einem höheren Prozentwert an Alkohol herstellten. Dieses stets weiter kultivierte Getränk mundete den Klosterbrüdern derart, dass es auch außerhalb ihrer Mauern rasch Verbreitung fand – und nicht nur zur Fastenzeit. In Neuss, einer Nachbarstadt von Mönchengladbach, verabreichte man das dunkle Bier im 16. Jahrhundert nachweislich sogar den Kranken im Hospital als Nahrungsmittel. Gaststätten schenkten es an Einheimische wie an durstige Pilgerkehlen aus.

Ein weiterer Grund für die Besonderheit des Altbieres liegt in der Art des Brauens. Während helles Bier untergärig gebraut wird, verwendet man beim Altbier das obergärige Verfahren. Ohne auf spezielle Eigenarten einzugehen, sei Folgendes festgehalten: Obergärig und untergärig sind rein gärungstechnische Begriffe. Beim Brauverfahren zum Altbier verwandelt Hefe bei offener Gärung Zucker in Alkohol. Über den Geschmack dieses Bieres entscheiden die verwendeten Zutaten wie Gerstenmalz, Hopfen und nicht zuletzt Wasser. Eine besondere Bedeutung – auch für die spezielle Verbreitung des Altbiers am Niederrhein – kommt den Gärungstemperaturen obergäriger Biere zu, denn sie sind rund doppelt so hoch wie die Temperaturen untergäriger Biere.

Die Beliebtheit des Altbieres beruht zum einen auf spezifischen Aromastoffen, die nur obergärige Hefe entwickeln, und zum anderen auf der Kunst des jeweiligen Braumeisters. Er allein trägt die Verantwortung für die Qualität. Um dem Bier seine eigene, unverwechselbare Geschmacksrichtung zu geben, verwenden die Brauereien althergebrachte, streng geheim gehaltene eigene Rezepturen.

Es bleibt allerdings noch die Frage: Warum breiteten sich die obergärigen Biersorten gerade am Niederrhein aus? Wenn man den Experten glauben darf, lag dies am relativ milden Klima, denn selbst in den Wintermonaten gelang es, obergärige Biere zu brauen. Dieser standortbedingte Vorteil förderte selbstverständlich die Herstellung des Altbiers. Für die Erzeugung untergäriger Biere hingegen benötigte man wegen der niedrigeren Gärtemperaturen gerade im Sommer künstliche Kälte. Da entsprechende Verfahren erst im Zeitalter der Industrialisierung entwickelt wurden, war es zuvor einfacher und kostengünstiger, Altbier zu brauen. Somit etablierten sich am Niederrhein über die Jahrhunderte hinweg obergärige Biere als fester Bestandteil der täglichen Ernährung.

Obwohl nicht nur Biertrinker(innen) das allgemeine Kneipensterben beklagen, gleicht es heutzutage in Mönchengladbach fast einer Weltanschauung, ob man helles Pils-, trübes Weizen- oder dunkles Altbier trinkt. Bei der Bestellung sagen Gäste nicht nur „ein Bier“ sondern „ein Pils“, „ein Weizen“ oder eben „ein Alt“. Natürlich geht es den Biersorten ähnlich wie anderen Konsumgütern in unserer Gesellschaft auch, mal sind sie in, mal sind sie out.

Zum Glück entscheidet bei den meisten Konsumenten der individuelle Geschmack.

In diesem Sinne ein herzhaftes P R O S I T!

Der Fall Godry

Im Land zwischen Rhein und Maas sicherte seit Urzeiten die häusliche Herstellung von Textilien vielen Menschen den Lebensunterhalt. In der zweiten Hälfte des 19. Jahrhunderts ging die Zeit der Hauswebstühle allerdings rasch zu Ende und die Silhouetten der Städte am Niederrhein waren, wie in vielen Gebieten des Deutschen Reiches, gekennzeichnet durch die hohen Schornsteine der sich sprunghaft ausbreitenden Textilindustrie.
Parallel dazu entwickelte sich ein neues Transportmittel: die Eisenbahn. Schienenstränge durchzogen das flache Land und verbanden Städte miteinander, die bislang nur unter großen Strapazen erreicht werden konnten. Die Infrastruktur wuchs von Jahr zu Jahr. Dampfende Lokomotiven sorgten neben dem Transport von Menschen auch für die Beschaffung von Energieträgern und Rohstoffen und beförderten industriell hergestellte Fertigprodukte zu den Absatzmärkten.
Betrieben wurden die Eisenbahnanlagen von privaten Gesellschaften, die sich mitunter in unmittelbarer Nähe, auf eigenen Gleisen und mit eigenen Gebäuden, konkurrierend gegenüberstanden.
In Mönchengladbach waren es zwei, und zwar die Rheinische und die Bergisch-Märkische Eisenbahngesellschaft. Beide Unternehmen errichteten im Stadtgebiet jeweils einen eigenen großen Bahnhof. Im näheren Umfeld der Bahnhofsgebäude standen, häufig nur aus einfachen Brettern zusammengezimmert, kleine eingeschossige Lagerstätten. Darin befanden sich Fertigprodukte und Rohstoffe von hohem Wert.
In Diebeskreisen sprach sich diese leicht zu beschaffende Beute rasch herum, zumal die Schuppen meistens nur unzureichend gesichert waren. Denn – für uns heutzutage unvorstellbar – die

Eisenbahngesellschaften sahen sich keineswegs in der Pflicht, ihnen anvertraute Güter auch nachts zu bewachen. Im Gegenteil, sie erleichterten vielfach ungewollt den Einbrechern ihr Handwerk. In den nahegelegenen Bahnwärterhäuschen befanden sich nach Feierabend, für alle mit dunklen Absichten leicht erreichbar, Werkzeuge der tagsüber tätigen Bahnarbeiter, mit denen es den Dieben spielend gelang, die Vorhängeschlösser der Schuppentüren zu knacken.
Besonders häufig knöpften sie sich den Güterschuppen des Bökelbahnhofes der Rheinischen Eisenbahngesellschaft in Mönchengladbach vor. Hier stoppte nach Beginn der Dunkelheit kein einziger Zug mehr, insofern war auch kein Personal vorhanden. Die Banditen hatten somit noch leichteres Spiel als anderswo. Bevorzugt stahlen sie Textilien in allen Größenordnungen bis hin zu fertigen Stoffballen. Die Gladbacher Zeitung schrieb in ihrer Ausgabe vom 25. September 1882: „Die Diebe seien dort mit größter Ruhe und man möchte sagen Umsicht zu Werke gegangen, wobei ihnen zu statten kam, daß der Bahnhof, auf dem häufig viele sehr wertvolle Sachen lagern, ohne Nachtwache war.“ (sic!)
Im Herbst 1882 nahmen die Raubzüge ein derartiges Ausmaß an, dass die Polizeibehörde sich veranlasst sah, zusätzliche Beamte für die Sicherung der gelagerten Waren und die Ergreifung möglicher Täter einzusetzen. Die Art und Weise, mit der sie die Räubereien durchführten, ließ den Schluss zu, dass auf keinen Fall Einzelpersonen, sondern aller Wahrscheinlichkeit nach eine oder mehrere organisierte Banden am Werk waren.
Bei Untersuchungen im Stadtgebiet konnten keine Diebesgüter ausfindig gemacht werden. Somit gelangte man zur Überzeugung, die gestohlenen und oftmals sehr schweren Waren würden vom Bahnhofsschuppen aus auf kürzestem Weg irgendwo

Hier fielen die tödlichen Schüsse auf den Polizisten Johann Joseph Godry.

in der Nähe abgelagert und fürs Erste versteckt. Folglich musste es in Bahnhofsnähe Helfer geben, die den Wert der gelagerten Güter ausspionierten und die Bande(n) darüber informierten. Ausgedehnte polizeiliche Maßnahmen sollten diesem Treiben ein Ende bereiten.

So erhielt am 22. September 1882 Polizei-Sergeant Johann Joseph Godry die Aufgabe, mit einem Kollegen die in Betracht kommenden Häuser in der näheren Umgebung des Bökelbahnhofes zu observieren. Bei hereinbrechender Dunkelheit legten sie sich an der Eickener Straße auf die Lauer, das vermutete Zwischenlager der Diebe konnte nur irgendwo in der Nähe sein. Ein kurz zuvor niedergegangener Regenschauer, verbunden mit leichtem Westwind, sorgte für Wetterbedingungen, bei denen nur wenige Menschen auf der ansonsten stark frequentierten Straße unterwegs waren. Das kam zwar den Dieben entgegen, aber auch die Polizisten zeigten sich zuversichtlich, denn nun

konnten sie von einem verdeckt liegenden Durchgang aus unbemerkt die wenigen Passanten ins Visier nehmen, die sich den in Betracht kommenden Häusern näherten.
Es dauerte nicht lange und ein dunkel gekleideter, verdächtig aussehender junger Mann schälte sich, über einen matschigen Weg kommend, aus der feuchten Finsternis heraus. In gebückter Haltung trug er auf den Schultern einen offenbar aus dem Güterschuppen am Bökelbahnhof entwendeten Stoffballen. Volle Konzentration für die Polizisten! Ruhig ließen sie ihn herankommen und traten, nachdem er sich bis auf wenige Meter genähert hatte, aus ihrem Versteck heraus. Mit gezogenem Seitengewehr forderte Godry ihn auf, stehen zu bleiben.
Auf frischer Tat ertappt, ließ der Angesprochene den Stoffballen fallen und ergriff spontan die Flucht. Ohne Zögern begaben sich die Polizisten auf seine Spur. In der Nähe der Eickener Kirche betrug der Abstand nur noch wenige Meter, worauf der nun in Panik geratene Dieb stehen blieb, sich umdrehte und ohne Vorwarnung zwei Pistolenschüsse auf seine Verfolger abgab. Der ihm am nächsten gekommene Johann Joseph Godry brach tödlich getroffen zusammen, während der Täter weiter flüchtete. Godrys heranstürmender Begleiter kümmerte sich um seinen Kollegen und verlor den Verbrecher aus den Augen. Zwei weitere Passanten kamen ihm zur Hilfe, konnten das Leben des 39-jährigen Polizei-Sergeanten aber nicht mehr retten.
Nach dem Bekanntwerden des Mordes liefen bei der Mönchengladbacher Polizei noch in der Nacht umfangreiche Ermittlungen an. Zwei verdächtige Männer konnten verhaftet werden, aber der gesuchte Täter blieb weiterhin auf der Flucht. Da die rücksichtslose Tötung eines Polizisten im Dienst auch einen Angriff auf die staatliche Ordnung darstellte, setzten die Behörden alles daran, der besorgten Öffentlichkeit den Verbrecher

Die Neuhofstraße im Vordergrund führte direkt vom Bahnhof Bökel nach Eicken.

schnellstens zu präsentieren. Mit der Aufklärung des Falles betrauten sie den in Mönchengladbach für seine ausgefallenen Ermittlungsmethoden bekannten und hoch angesehenen Polizeikommissar Mardersteck. Da er sich bereits seit einiger

Zeit mit den Bahnhofsdiebstählen befasste, war er aufgrund mehrerer Indizien der festen Überzeugung, die führenden Bandenmitglieder nicht in Mönchengladbach, sondern in den Kreisen Bergheim und Jülich zu finden. Eigene Ermittlungen vor Ort waren dringend geboten. Dabei verwertete er die Täterbeschreibung des Polizisten, der mit Godry den flüchtenden Einbrecher dingfest hatte machen wollen.
In unterschiedlichen Verkleidungen begaben sich Mardersteck und ein Mönchengladbacher Gendarm tagelang inkognito auf Verbrechersuche. Ihre Bemühungen, ins heimische Milieu der Bande einzudringen, wirkten so echt, dass sie um ein Haar selbst verdächtigt und von der örtlichen Polizei verhaftet worden wären. Die Anzahl der gefundenen Spuren erhöhte sich von Tag zu Tag und schließlich war ihre Arbeit von Erfolg gekrönt.
Ende Oktober 1882 gelang es Polizeikommissar Mardersteck, unter Beihilfe einiger in den besagten Landkreisen ansässigen Kollegen, wichtige Bandenmitglieder festzunehmen, darunter den dringend des Mordes an dem Mönchengladbacher Polizeiserganten Johann Joseph Godry beschuldigten Mathias Cremer. Ihnen wurde nicht nur die Tat in Mönchengladbach zur Last gelegt, sondern mehrere Raubzüge im näheren Umkreis ihrer Heimat.
Die Verhandlung gegen die kriminelle Gruppe begann am 1. Oktober 1883 vor dem Schwurgericht in Düsseldorf, also fast auf den Tag genau ein Jahr nach dem Mord an dem Mönchengladbacher Polizisten. Sämtliche Bandenmitglieder erhielten unterschiedlich lange Strafen. Mathias Cremer hingegen, des Mordes für schuldig erklärt, wanderte lebenslänglich ins Zuchthaus. Die Gladbacher Zeitung bemerkte dazu am 3. Oktober 1833: „Die Angeklagten nahmen das Urtheil anscheinend gleichgültig auf.“ (sic!)

Das letzte Rennen

In Scharen zogen rennsportbegeisterte Mönchengladbacher an jenem Sonntagmorgen zum Grenzlandring. Ihr Ziel war eine nur wenige Kilometer entfernte Betonplattenbahn, die sich wie ein Oval um die kleinen Nachbarorte Wegberg und Beeck legte. Sie hatte den Ruf, die schnellste Flachrennstrecke der Welt zu sein, obwohl sie an normalen Tagen nur als Umgehungsstraße diente.

Es war der 31. August 1952, ein schöner Sommertag, etwas windig, doch insgesamt sehr angenehm. Menschen zu Fuß und mit allen möglichen Fahrzeugen verstopften die Zufahrtsstraßen. Sie erwarteten einen Festtag für den Autorennsport. Mehrere Motorradrennen standen auf dem Programm und als Höhepunkt am Nachmittag der 36. Lauf zur Formel-2-Weltmeisterschaft. Dass dieser Tag in den Erinnerungen zahlreicher Menschen auf ewig haften blieb, für einige sogar zum lebenslangen Trauma werden würde, ahnte an diesem Sonntagvormittag niemand.

Doch der Reihe nach

Der Zweite Weltkrieg lag gerade einmal sieben Jahre zurück. Froh, mit dem Leben davongekommen zu sein, sehnten sich die Menschen nach Vergnügungen jeglicher Art. Die Währungsreform lag vier Jahre zurück, Wirtschaft und Konsum kamen allmählich in Schwung.

Ein Großereignis, das seit 1948 alljährlich Massen von Zuschauern anlockte, fand unweit von Mönchengladbach statt. Man konnte es mit dem Fahrrad gut erreichen, notfalls auch zu Fuß. Schon seit Tagen glichen die sonst so beschaulichen Örtchen Wegberg und Beeck belagerten Festungen. Die gesamte Prominenz des Motorrennsports war anwesend. Motoren dröhnten,

Mechaniker liefen aufgeregt hin und her, Rennfahrer diskutierten mit Kollegen über technische Neuigkeiten und legten selbst Hand an. Sie kannten die Technik ihrer überwiegend in Eigenbau hergestellten Fahrzeuge in- und auswendig. Unübersehbare Menschentrauben drängten sich neugierig an die Rennwagen.
Sämtliche Hotels, Gasthöfe und Privatquartiere in der Umgebung waren bis auf das letzte Bett ausgebucht. Pfiffige ortsansässige Bürger nutzten die Gunst der Stunde und präsentierten an improvisierten Verkaufsständen Getränke, Würstchen, Eis und viele andere Dinge, mit denen sie Geschäfte machen konnten. Man erzählte sich, aus einigen Verkaufsbuden musste am Abend das Geld mit Schubkarren nach Hause gefahren werden.

Wie es zu dieser Rennstrecke kam

Ein Rückblick in die 30er-Jahre des vergangenen Jahrhunderts bringt Klärung. Damals wollte das Gerede über den Bau einer breiten Umgehungsstraße um die landwirtschaftlich geprägten Orte Wegberg und Beeck nicht verstummen, zumal ein derartiges Projekt ins nationalsozialistische Arbeitsbeschaffungsprogramm passte. Bald schon nahmen die Mutmaßungen reale Gestalt an. Erste konkrete Pläne lagen auf dem Tisch. Eine etwas über 9 Kilometer lange und 6,80 Meter breite Ringstraße sollte gebaut werden. Auftraggeber war die deutsche Wehrmacht.
Schon kurz nach Kriegsende besichtigten damalige Größen des Automobil- und Motorradrennsports die Betonpiste und hielten sie für Geschwindigkeitenvon bis zu 250 km/h durchaus geeignet. Ihr Potenzial schien grenzenlos. Die Presse überschlug sich mit immer neuen Superlativen, wie „Schnellste Rennstrecke der Welt“ und „Neue Hochgeschwindigkeitsstrecke entdeckt“.
Um deren Wert zu unterstreichen, reiste der damalige Ministerpräsident des Landes Nordrhein-Westfalen, Karl Arnold, am 19.

Ein Gedenkstein erinnert heute an die Opfer vom 31. August 1952.

September 1948 persönlich an und eröffnete das erste Rennen. Die Erwartungen wurden bei Weitem übertroffen, denn an allen Renntagen drängten sich zwischen 200.000 und 250.000 Zuschauer am Grenzlandring.
Vereinzelte Wermutstropfen in Puncto Sicherheit trübten zwar ab und zu die euphorische Stimmung, wirklich ernst nahm sie aber kaum jemand. Die getroffenen Vorkehrungen aber entsprachen selbst für damalige Verhältnisse bei Weitem nicht den Anforderungen. Ganze Zuschauerpulks standen vielfach auf gleicher Höhe mit den vorbeirasenden Fahrzeugen, nur getrennt durch einen schmalen Rasenstreifen und den Fahrradweg. Als Schutzmaßnahmen reichte den Veranstaltern ein lediglich etwa eineinhalb Meter hoher Drahtzaun sowie an besonderen Gefahrenpunkten Strohballen. Dilettantische Sicherheitsversuche, wie sich schon bald herausstellen sollte.

Zurück zum 31. August 1952

Über 200.000 Besucher erwarteten spannende Rennen und Trainingsfahrten. Hohe Gäste aus Politik und Wirtschaft zeigten sich an der Strecke. Bereits am Vormittag gab es mehrere Vorrennen. Kleinere Unfälle gingen glimpflich ab.

Alles wartete auf das Hauptrennen, es sollte Punkt 14:50 Uhr beginnen. Angespannt saßen 21 international gemischte Fahrer und eine Fahrerin aus Deutschland, Italien, Frankreich und England im Cockpit ihrer Rennautos. Einer von ihnen war der Berliner Helmut Niedermayr. Er steuerte einen Reif-Veritas-Meteor-Monoposto und rechnete sich reale Siegchancen aus.

Ohne ersichtlichen Grund verzögerte sich der Start um mehrere Minuten. Einige Zuschauer wurden schon ungeduldig, als endlich der Starter den Wettkampf freigab und die Rennautos unter ohrenbetäubenden Motorgeräuschen die langgezogene Erkelenzer Gerade entlangrasten. Die Schaulustigen drängten sich noch dichter an die Strecke heran. Kinder durften ganz nach vorne, da sie hinter den Erwachsenen kaum etwas von den Ereignissen auf der Piste mitbekamen.

Die Uhr zeigte etwas mehr als 15:30 Uhr an: Ungeduldig erwarteten die Zuschauer das Herannahen der Formel-2-Renner. Jubel brandete auf, als das erste Fahrzeug sichtbar wurde. Besonders freuten sich die Kinder einer Schulklasse aus Düsseldorf in der Roermonder Kurve. Sie waren mit ihrem Lehrer auf Klassenfahrt und zelteten in der Nähe. Der Besuch des Rennens sollte das Highlight ihres Ausflugs werden. Nur die Drahtabsperrung und einige Strohballen trennten sie vom Geschehen auf der Strecke. Wie ein donnernder Pfeil schoss der Führende mit knapp 200 km/h nur wenige Meter an ihnen vorbei. Wellenförmig zurück und wieder nach vorn folgten die Zuschauermassen der Fahrtrichtung des Wagens. Zwei weitere Autos zischten vorüber. Es roch nach einer Mischung aus Benzin, Staub und Reifenabrieb.

Dann näherte sich das Fahrzeug mit der Nummer 124 auf der Motorhaube. Es war Helmut Niedermayr. Mit annähernd gleicher Geschwindigkeit wie die drei vor ihm platzierten raste er heran. Plötzlich geschah das Unfassbare: Aus bis zum heutigen Tag ungeklärten Gründen verlor Niedermayr in der Roermonder-Kurve die Kontrolle über das Fahrzeug. 40 Meter weit flog sein Monoposto in die Zuschauermenge. Der Drahtzaun riss, schlug wie eine Peitsche umher und traf mehrere Zuschauer. Strohballen und Gegenstände stoben auseinander, ein letztes Mal heulte der Motor des Unglücksfahrzeugs dramatisch auf. Wie gebannt starrten die Zuschauer auf das Geschehen. Für Sekunden herrschte Totenstille. Krankenschwestern, Sanitäter und Polizisten eilten an die Unfallstelle. Ihnen bot sich ein Anblick des Grauens. Vor Schmerzen schreiende Schwerverletzte wohin man schaute. Eine derartige Katastrophe hatte niemand für möglich gehalten. Die Sanitäter waren äußerst dürftig ausgestattet. Vor allem fehlte es an Verbandsmaterial und Krankenwagen. Um die Verletzten schnellstens über Feldwege in die umliegenden Krankenhäuser zu transportieren, legte man sie auf eiligst herbeigeschaffte offene Lastwagen.

Fünf Menschen waren auf der Stelle tot, acht starben in den Krankenhäusern der Umgebung. Zu den Toten an der Strecke gehörten auch drei Kinder der Düsseldorfer Schülergruppe, die mit ihrem Lehrer das Rennen besuchten. Zwei weitere starben im Krankenhaus. Als Todesursache Nr. 1 erwies sich nach späteren Untersuchungen der umherpeitschende Drahtzaun. Am Ende waren es 13 Tote und 42 größtenteils Schwerverletzte. Der Fahrer des Unglücksfahrzeuges überstand den Unfall leicht verletzt. Was viele Menschen befremdete, um nicht zu sagen

Minuten nach dem Unfall eilten Polizei und Ersthelfer zur Unglücksstelle.

schockierte, war die Tatsache, dass niemand der Verantwortlichen sich in der Lage sah, das gerade erst eine Runde alte Rennen abzubrechen. Nur wenige Rennfahrer verweigerten von sich aus die Weiterfahrt. Am Ende gab es sogar eine Siegerehrung. Die entsetzten Zuschauer wurden mit Schlagermusik verabschiedet! Obwohl nur wenige Besucher zu diesem Zeitpunkt die tatsächliche Dimension des Geschehens kannten, wirkten die Begleitumstände wie ein Schlag ins Gesicht.

Der Unfall am Grenzlandring vom 31. August 1952 gilt noch heute als einer der schwersten in der Geschichte des Motorsports. Internationale Schlagzeilen wie „Rennwagen raste in Zuschauermenge“ oder „Neun Tote beim Rennen auf dem Grenzlandring“ rückten bereits am folgenden Tag die ovale Ringstraße ins europäische Rampenlicht.

Mit einem Schlag endete die fünf Jahre währende Euphorie um eine Betonpiste, der von fast allen Experten als „schnellste Rennstrecke der Welt“ eine große Zukunft vorausgesagt wurde. Am Ring um Wegberg und Beeck fanden nie wieder Motorsportveranstaltungen dieser Größenordnung statt.

Das Luftschiff Erbslöh

In den zehn Jahren vor dem Ausbruch des Ersten Weltkrieges etablierten sich in Deutschland Flugobjekte, die man aufgrund ihrer riesigen Ausmaße als Luftschiffe bezeichnete. Die Erfolgsbilanz war durchaus gemischt, denn geglückten Fahrten in respektabler Höhe standen immer wieder Unfälle mit schwerwiegenden Folgen gegenüber. Der Euphorie in Deutschland tat dies jedoch keinen Abbruch. Herausragender Pionier dieser Zeit war Ferdinand Graf von Zeppelin, dessen „Riesen der Lüfte" aus Friedrichshafen am Bodensee mehr und mehr Furore machten und einfach nur „Zeppeline" genannt wurden.
Es gab aber auch andere Konstrukteure, deren Namen nicht so im Gedächtnis der Menschen haften blieben wie der des Grafen. Auch sie entwickelten – nicht selten unter Aufbringung ihres gesamten Privatvermögens – Luftschiffe von beträchtlicher Ausdehnung. Einer dieser heute fast vergessenen Luftschiffbauer war Oskar Erbslöh aus Leichlingen bei Wuppertal. Das von ihm geschaffene Gefährt trug selbstverständlich seinen Namen. Die „Erbslöh" war ein Prallluftschiff von stattlichen 53 Metern Länge und einem Durchmesser von 10,50 Metern. Am 13. Dezember 1909 versetzte es die Textilstadt Mönchengladbach in helle Aufregung.
Es war ein klarer, sonniger Tag, wenn auch mitunter von heftigen Windböen unterbrochen, denn in der vergangen Nacht fegte ein Sturm über den Niederrhein. Man konnte weithin das flache Land überschauen. Somit bemerkten um die Mittagszeit zahlreiche Bewohner der östlichen Stadtgebiete, wie in der Ferne, aus Richtung Neuss kommend, ein braun-gelblich schimmerndes Ungetüm in Form einer Riesenzigarre hoch in der Luft direkt auf sie zu schwebte. Einige rieben sich erstaunt die Augen

und wollten gar nicht glauben, was sie da sahen. „Das kann nur ein Zeppelin sein“, jubelten andere, obwohl ihnen noch nie zuvor ein leibhaftiges Luftschiff begegnet war. Manche wussten vom Hörensagen davon, und auch in den Zeitungen konnte man des Öfteren Berichte über neue Rekordflüge lesen.

Es dauerte nicht lange und aus den Schulen der Umgebung strömten die Schüler ins Freie, um den einmaligen Anblick leibhaftig zu genießen. Das Lehrpersonal sah es als pädagogische Pflicht an, den Kindern das neueste Produkt deutscher Technik anschaulich vor Augen zu führen. Selbst einige der sonst so gestrengen Fabrikherren stellten es ihren Beschäftigten anheim, den Arbeitsplatz kurzfristig zu verlassen, zumal ja die Mittagspause bevorstand. Rasch füllten sich die Straßen und alles blickte neugierig gen Himmel.

Nach kurzer Zeit gerieten die staunenden Menschen regelrecht in Verzückung, denn zunächst nur zaghaft, dann mehr und eindeutiger nahmen sie wahr, dass das Luftschiff an Höhe verlor und augenscheinlich Anstalten machte, auf einem für den Winter bereits hergerichteten Acker nahe der Krefelder Straße im heutigen Mönchengladbacher Ortsteil Neuwerk zu landen. Da viele unentwegt glaubten, es sei der Zeppelin, sprach sich die Neuigkeit wie ein Lauffeuer in der Stadt herum. Nicht wenige träumten davon, dem berühmten Grafen vom Bodensee in Kürze persönlich gegenüberzustehen. Es entstand ein regelrechter Run hin zur Krefelder Straße. Die meisten machten sich zu Fuß auf den Weg, man sah aber auch Fahrzeuge jeglicher Art, wie Fahrräder, Autos und Pferdefuhrwerke. Alle Droschken am Bahnhofsvorplatz waren blitzschnell ausgebucht. Bis auf den letzten Platz mit Neugierigen besetzt, schaukelte die erst vor wenigen Jahren in Betrieb genommene elektrische Straßenbahn zum Landeplatz, der unweit vom Schienenstrang lag.

In der offenen Gondel des Luftschiffes bemühten sich die sechs Besatzungsmitglieder, unter ihnen der Luftfahrtpionier Oskar Erbslöh selbst, die bevorstehende Landung halbwegs zu koordinieren. Lautstark riefen sie den Leuten am Boden Verhaltensregeln zu, doch alle rannten durcheinander, stets auf der Suche nach einer neuen Entdeckung. Aus etwa fünfzig Metern Höhe warf die Besatzung ein Schleppseil aus, um das sich mehrere eilfertig Herbeieilende stritten. Ohne auf Anweisungen zu achten, zogen sie das Luftschiff unkontrolliert nach unten.
Als die Gondel aufschlug, folgte ein heilloses Getümmel. Alle wollten dem Luftschiff möglichst nahe kommen. Dabei entwickelte sich, wie Oskar Erbslöh es zwei Tage später gegenüber dem Düsseldorfer Generalanzeiger beklagte, „ein verwerflicher Unfug“. Neugierig drängte die Menschenmasse heran, einige kletterten sogar in die Gondel. Völlig aus dem Häuschen geratene Kinder und sogar einige Erwachsene versuchten Turnübungen am Metallgerippe und zerstörten dabei wichtige Drahtverbindungen zur empfindlichen Hülle.

Prallluftschiff Erbslöh nach der Notlandung an der Krefelder Straße in Gladbach im Dezember 1909.

Etwas Ordnung schafften erst die endlich herbeieilenden Kräfte von Polizei und Feuerwehr. Sie begannen sogleich mit Verankerungsarbeiten, denn rasch war klar: Das Luftschiff musste über Nacht hierbleiben. Selbstverständlich erschienen auch Oberbürgermeister und Bürgermeister persönlich vor Ort.

Die Menschen rätselten, weshalb es ohne Vorankündigung ausgerechnet auf diesem Acker gelandet war. Gerüchte machten die Runde. Niemand wusste etwas Genaues.

Wie sich bald herausstellte, handelte es sich um eine Notlandung während der Jungfernfahrt. Der Mannschaft war es nicht gelungen, nach der Reparatur einer undichten Benzinleitung die Leistung des Motors so in Gang zu bringen, dass man trotz des herrschenden Gegenwindes den Heimatort Leichlingen hätte erreichen können. Somit trieb das Luftschiff von seiner Route ab und Oskar Erbslöh entschloss sich zur Notlandung am Ostrand Mönchengladbachs.

Das Schlimmste geschah jedoch am Nachmittag. Aufgrund der dichten Menschenmenge gelang es der Besatzung nicht, das Luftschiff gegen den Wind auszurichten. Somit passierte das, was die Mannschaft befürchtet hatte: Eine heftige Windböe packte das Gefährt von der Seite und drückte es zu Boden. Dabei riss die Hülle und fiel in sich zusammen. Ein weiterer Windstoß hob sie wieder an und überdeckte beim anschließenden Herabsinken Hunderte Menschen, darunter auch ein Ponygespann. Zum Glück konnten sich alle selbst befreien, niemand kam ernsthaft zu Schaden. Erstaunt stellten nun die Zuschauer fest, keinen Zeppelin zu sehen, sondern ein Prallluftschiff, denn diese Konstruktion besaß kein stabilisierendes Metallgehäuse.

Für Oskar Erbslöh bedeutete der Zwischenfall das Ende aller Hoffnungen, den Ort der Havarie irgendwann wieder aus eigener Kraft verlassen zu können. Die Notlandung in Mönchengladbach am 13. Dezember war für ihn wahrlich ein dunkler Tag,

denn sein Fluggerät erlitt derartige Schäden, dass Hülle und Gondel zusammengepackt und mit der Eisenbahn nach Leichlingen zurücktransportiert werden mussten.
Anmerkung: Genau sieben Monate später stürzten Oskar Erbslöh und fünf Begleiter mit dem wieder hergerichteten Luftschiff Erbslöh in Pattscheid (heute zu Leverkusen gehörend) ab. Alle kamen dabei ums Leben.

nachtaktiv

Seit November 2005 gibt es in Mönchengladbach die Kulturnacht nachtaktiv. Alle zwei Jahre präsentieren Künstler aus allen Sparten von Musik, Tanz, Theater, Film, Literatur und Performance ihr Können. 2016 war auch ich beteiligt und erhielt, soweit es mir möglich war, Einblicke in zwei Veranstaltungen.
Am Samstag, dem 4. Juni 2016, richteten sich die Blicke der Veranstalter skeptisch zum Himmel. „Hoffentlich hält das Wetter", so lautete der meistgeäußerte Wunsch. Die Befürchtungen waren nicht grundlos, denn bei den Vorbereitungen für die sechste Mönchengladbacher Kulturnacht störten nachmittags Starkregenschauer mit Sturm und Hagel die Vorfreude. Ein geplanter Marathonlauf in der Stadt musste wegen Unwetterwarnung abgesagt werden. Somit war die Erleichterung groß, als sich die dunklen Wolkenberge am Abend allmählich auflösten und hier und da sogar die Sonne hervorlugte.
Die Kulturnacht trug den vielversprechenden Zusatz „nachtaktiv 16" und sollte tatsächlich zu einer aktiven Nacht werden. Zahlreiche Events sprachen auch in diesem Jahr wieder alle Altersgruppen an. Dazu gehörten neben Lesungen verschiedener Genres

Musikbeiträge aus Rock, Pop, HipHop und Karaoke bis hin zur Klassik. Tanz-, Film-, Performance-, und Modebegeisterte kamen ebenfalls nicht zu kurz. Als regelrechte Zuschauermagnete erwiesen sich improvisierte Theaterstücke.

Seit Wochen bewarben über 1000 Plakate im gesamten Stadtgebiet das Ereignis. 12.000 Programmhefte und 5000 Kulturnachtpläne wurden gedruckt. Alles war vorbereitet, die Räumlichkeiten – neudeutsch Locations – hergerichtet und so weit wie möglich mit mehr oder minder gemütlichen Sitzgelegenheiten ausgerüstet. Insgesamt planten die Veranstalter vom Kulturbüro der Stadt 174 Programmpunkte an 53 Veranstaltungsorten mit insgesamt 358 Aufführungen, hauptsächlich lagen in den Quartieren Rheydt, Eicken-City, Abteiberg und Mönchengladbach-Altstadt.
Der Beginn des Kulturfestes war auf 18:00 Uhr festgesetzt. Nachdem sich das Wetter beruhigt hatte, strömten zahlreiche Menschen in die Stadtteile. Viele hatten sich bereits im Vorverkauf ihre Tickets gesichert und informierten sich nun an den Infoständen vor Ort bei den Kulturnacht-Scouts über interessante Darbietungen. Andere wiederum hatten anhand von vorab besorgten Stadtplänen und Programmflyern ihre eigene Kulturroute, entsprechend persönlicher Vorlieben, minutiös festgelegt. Die Verknüpfung zwischen den teilnehmenden Quartieren verlief problemlos über Shuttlebus-Verbindungen. Fast in allen Veranstaltungsorten waren die Sitz- und Stehplätze rasch besetzt. Großen Anklang fanden ausgefallene Licht- und Videoinstallati-

Tagsüber eher trist, war dieser Tunnel im Juni 2016 Schauplatz der Klangspielereien.

onen in der Mönchengladbacher Altstadt, an deren Gestaltung interessierte Bürger bereits seit Monaten mitgearbeitet hatten. Ungewöhnliche Specials verzauberten die Besucher und versetzten sie in surreale Welten.

Als besonderes Highlight im Quartier Eicken erwies sich die Verwandlung des ca. 200 Meter langen halbrunden Eisenbahntunnels an der Heinrich-Sturm-Straße in einen magischen Ort. DJ Key und der Geräuschebastler Christoph Wassenberg präsentierten außergewöhnlichen Sound- und Nebelinstallationen frei nach dem Motto: „Durch diese coole Gasse müsst ihr lauschen.“ Um die geheimnisvolle Atmosphäre in der nur vier Meter hohen Durchfahrt zu verstärken, hatten die Künstler Eingang und Ausgang des massiven Tunnels mit überdimensionalen schwarzen Vorhängen abgedeckt. Von den Klängen angelockt, schoben Neugierige die dunklen Tücher vorsichtig zur Seite, um dann zögernd, einen Fuß vor den anderen setzend, das gespenstig wirkende Tunnelgewölbe zu betreten. Nur wenige gingen alleine. Kleine Gruppen bildeten die Mehrzahl. Obwohl die meisten Besucher diese etwa 12 Meter breite, auch bei Tageslicht kei-

neswegs einladende Durchfahrt in direkter Bahnhofsnähe gut kannten, wirkte sie nun wie der Zugang in eine andere Welt.
Im Takt schriller Klangspielereien und spontaner Soundexperimente blitzten Scheinwerfer in verschiedenen Farben und warfen die verzerrten Silhouetten der Besucher an das grobe Gemäuer des halbrunden Deckengewölbes. Schwaden von Nebelkerzen durchzogen wabernd den kompletten Tunnel und verbreiteten eine mystische Atmosphäre. Schwefelgeruch lag in der Luft. In der Ferne erkannte man im gelb-bläulichen Gegenlicht der aufzuckenden Illuminationen die Umrisse weiterer Besucher.
Verließ man den Tunnel, bot es sich an, die Sophienstraße aufzusuchen und man befand sich schon bald in einem echten Kulturkraftzentrum. Während in der Live-Musikkneipe Messajero Popmusiker überwiegend junge Zuschauer verzückten, lud die Flamencotänzerin Anja Abels im 1. Stockwerk einer alten Spinnerei die Besucher mit postmoderner Tanzkunst zum Innehalten ein. Im 3. Stockwerk des gleichen Gebäudes gab es mehrere Musikaufführungen, zum Teil mit integrierter Lesung. Schauplatz war eine ehemals textile Fabrikhalle, in der 200 Kopfhörer auf Publikum warteten. Musikalische Grenzgänger wie die Gitarristin Sophie und das Byggesett-Orchestra boten, im Zusammenspiel mit dem Autor Carsten Steenbergen, in dieser alten Industriehalle mit ihrem eigenwilligen Chic eine atmosphärische Heatphone-Lounging für Kopf-Hörer.
Nach all diesen Eindrücken zog es um Mitternacht Künstler und Kulturnachtbesucher zum großen Finale ins Altstadtquartier Richtung Alten Markt. Immerhin warteten vier Abschlusspartys. Die Menschen feierten bis in die frühen Morgenstunden. Insgesamt verkündeten die Verantwortlichen der Stadt Mönchengladbach die stolze Zahl von rund 16.000 Besuchern der Kulturnacht „nachtaktiv 16“.

Bombenangriff auf Mönchengladbach und Rheydt

Fast 80 Jahre ist es her, als die Angriffe britischer Bomber auf die damals selbstständigen Städte Mönchengladbach und Rheydt einsetzten. Obwohl bei Kriegsende weite Teile in Schutt und Asche lagen, muss man heutzutage schon ganz genau hinsehen, um bei einer Spurensuche überhaupt noch etwas zu finden. Alte Fotos helfen nur bedingt, denn vieles wurde nach 1945 völlig verändert wieder aufgebaut, manches sogar in der Zwischenzeit erneut abgerissen und durch weitere Neubauten ersetzt.

An den Jahrestagen rufen die Zeitungen in ihren lokalen Ausgaben diese schreckliche Zeit in Erinnerung, präsentieren Augenzeugenberichte und Schwarz-weiß-Fotos über die schier unglaublichen Zerstörungen. Dabei sah es in den ersten Kriegsjahren danach aus, als würden beide Städte ohne größere Blessuren davonkommen. Seit dem Einmarsch der Wehrmacht in Westeuropa 1940 kam es zwar zu vereinzelten Bombenabwürfen, bei denen auch Tote zu beklagen waren. Von geschlossenen Angriffen, wie sie bereits andere Städte – besonders im nahe gelegenen Ruhrgebiet – erfuhren, konnte jedoch keine Rede sein. Zahlreiche Bewohner von dort suchten vermeintlichen Schutz in Mönchengladbach und Rheydt.

Dass dies nicht so bleiben würde, erkannten realistisch denkende Menschen sehr wohl, denn die wenigen bisherigen Störfeuer machten deutlich, wie empfindlich industrielle Anlagen und Wohngebiete im Stadtgebiet bei intensiveren Angriffen getroffen werden könnten. In kluger Voraussicht gaben sich Unternehmerfamilien der gleichen Branchen für den Notfall ein Versprechen auf gegenseitige Hilfeleistung.

Auch Kirchen und Museen blieben nicht untätig und lagerten ihre wertvollen Kunstschätze, sofern es möglich war, aus. Rechtzeitig ließen die verantwortlichen Personen in der uralten Münsterbasilika ihren wertvollsten Schatz, das damals fast 700 Jahre alte aus einzigartigen Glaselementen bestehende Bibelfenster, aus der Apsis entfernen und brachten es außerhalb der Stadt in Sicherheit.
In der Nacht zum 31. August 1943 bewahrheiteten sich ihre Befürchtungen erstmals. Die Bomber brauchten rund 70 Minuten, um die Substanz der Städte Rheydt und Mönchengladbach nachhaltig zu zerstören. Obwohl es zunächst sternenklar war, zogen zu Beginn der zweiten Nachthälfte vereinzelte Wolken auf, als wollten sie das drohende Unheil ankündigen. Im Radio vermeldete der Warndienst zwar Einzelangriffe auf verschiedene Ziele in Westdeutschland, doch das beunruhigte zunächst nur die wenigsten. Mittlerweile gehörten Luftschläge im weiteren Umkreis zum traurigen Kriegsalltag der Menschen. Auch in dieser Nacht schienen, wie so oft, der engere Luftraum um Mönchengladbach und Rheydt oder gar die Städte selbst vor Angriffen verschont zu bleiben. Die meisten legten sich, wenn auch auf schnellen Aufbruch vorbereitet, zur trügerischen Ruhe.

Die Münsterkirche nach der Bombardierung.

Was niemand ahnte: Während sie schliefen, starteten auf verschiedenen Flugplätzen in Mittelengland über 600 Flugzeuge, vollgestopft mit Spreng- und Brandbomben jeglicher Art. Ihre Ziele waren die Städte Mönchengladbach und Rheydt. Das Gesamtgewicht der tödlichen Fracht betrug mehr als 3000 Tonnen. Planmäßig vereinigten sie sich in Richtung Südosten über der Nordsee und den belgischen Städten Knokke und Antwerpen.
Die deutsche Luftwarnung bekam diese Manöver erst recht spät mit und reagierte kurz nach Mitternacht. Schon bald häuften sich aus Aachen alarmierende Nachrichten über vermehrte Einflüge ins Reichsgebiet an der Scheldemündung. Viele Bürger aus Mönchengladbach und Rheydt hofften zu diesem Zeitpunkt immer noch, der Kelch würde wie so oft an ihnen vorbeigehen.
Einige der anfliegenden Bomber flogen Ziele im Ruhrgebiet an. Der große Teil nahm jedoch Kurs auf das Hauptzielgebiet. Im Focus lag insbesondere Rheydt, die Geburtsstadt des Propagandaministers Joseph Goebbels, der ein halbes Jahr zuvor in seiner Sportpalastrede den „totalen Krieg“ ausgerufen hatte. Als man die drohende Gefahr realisierte, ging es für die Bewohner plötzlich ganz schnell. Grell heulten kurz nach 2:00 Uhr alle Sirenen auf. Alarmiert warteten die Schützen in den Flakbatterien auf feindliche Flugzeuge. Abgedunkelt lagen die Städte da, jeder noch so winzige Lichtschein hätte den heranfliegenden Propellermaschinen als Zielpunkt dienen können. Für die Menschen hieß es nun, sich schnellstens in Sicherheit zu bringen. Überstürzt suchten sie, durch gespenstig finstere Straßen und Gassen laufend, ihre Sammelpunkte auf. Einen wirklichen Schutz boten die oftmals provisorisch eingerichteten Luftschutzräume allerdings nicht.
Unaufhaltsam rückte von Westen her das Dröhnen der Motoren näher. Die erste Angriffswelle traf Mönchengladbach, die folgen-

Das zerstörte Rheydter Rathaus.

den Rheydt und Odenkirchen. Von den Vororten aus beobachteten einige Wagemutige mit Schrecken, wie vorab fliegende Maschinen aus etwa 2000 Metern Höhe nach und nach mit unzähligen hellrot blendenden Leuchtbomben (im Volksmund verharmlosend Christbäume genannt) die Areale der Innenstädte und den Rheydter Ortsteil Odenkirchen absteckten. Zur Vorbereitung des Infernos pendelten die an kleinen Fallschirmen hängenden Markierungsleuchten über den Zielgebieten langsam nach unten und tauchten sie in helles Licht.

Schnell war klar: Offensichtlich sollten Hauptwohngebiete und Industrieanlagen getroffen werden. Vor Minuten noch kaum sichtbar, lagen sie nun wie auf dem Tablett serviert im Fokus der Angreifer. Dazwischen suchten Flakschützen mit starken Scheinwerfern den Himmel ab. Ab und zu zischten den Angreifern Geschosse entgegen. Gegen die Übermacht blieben ihre vereinzelten Treffer ohne größere Wirkung und vermochten die

donnernden und krachenden Bombenabwürfe auf weitgehend wehrlose Städte nicht abzuwenden. Augenzeugen sprachen von einem „Bombenteppich".
Häuserwände barsten und die Erde zitterte. Von Phosphor ausgelöste Feuerstürme ließen den Straßenasphalt hinwegschmelzen. Türen der Schutzräume flogen aus ihren Verankerungen. Aus den Kellern und Bunkern drangen Schreie verschütteter Menschen. Als lebensrettend erwies sich für viele die Verbindung der Reihenhauskeller miteinander.
Erst nach 4:00 Uhr drehten die Flugzeuge wieder ab und hinterließen zwei brennende Städte, deren Feuerschein noch in 200 km Entfernung sichtbar war. Die meisten Menschen in den Schutzunterkünften wagten erst bei Tagesanbruch zaghafte Schritte ins Freie und erkannten ihre Stadt nicht mehr wieder. Feuersbrünste wohin das Auge blickte. Obwohl Feuerwehrkäfte der gesamten Umgebung im Einsatz waren, gelang es ihnen kaum, die Vielzahl der Brände zu löschen. Erschwerend kam hinzu, dass ein Großteil der Wasserleitungen nicht mehr funktionierte.
In den besonders stark bombardierten Innenstädten und im Rheydter Stadtteil Odenkirchen waren zahlreiche Bewohner obdachlos und suchten verzweifelt eine Unterkunft. Insgesamt beklagte man 370 Tote und allein in Rheydt den Verlust von 80 % aller Privatwohnungen.
Doch all dies sollte nur der Vorgeschmack sein auf das, was noch auf die Menschen zukommen würde. Es war der erste von sechs Großangriffen, die über Mönchengladbach und Rheydt hinwegfegten und ehemals blühende Städte in Schutt und Asche legten. Die letzte Bombardierung dieser Art erfolgte am 1. Februar 1945, als die Städte bereits weitestgehend zerstört waren, genau einen Monat vor dem Einmarsch der Amerikaner.

Zwei Häuser in Rheydt

In jeder Stadt gibt es Gebäude, auf die man stolz ist und bei Stadtführungen gerne präsentiert. Es gibt allerdings auch solche, die man am liebsten ignorieren oder ganz und gar totschweigen möchte. Dazu gehören zwei Gebäude in Mönchengladbach, die im Zusammenhang mit einem dunklen Kapitel der deutschen Geschichte stehen. Es waren die Wohnstätten der bekannten Nazigröße Joseph Goebbels während seiner Kindheit. Einige wissen um die Geschichte der Häuser und machen bewusst einen großen Bogen um sie. Andere wiederum kommen von weither, um einen verstohlenen Blick auf die früheren Wohnstätten des NS-Propagandaministers zu werfen. Die meisten aber fahren tagtäglich an den einfachen Reihenhäusern im Stadtteil Mönchengladbach-Rheydt vorbei und nehmen die unscheinbaren Fassaden kaum wahr.

Paul Joseph Goebbels wurde am Nachmittag des 29. Oktober 1897 geboren. Als Geburtsort trug der Rheydter Standesbeamte die Odenkirchener Straße 186 ein. Die Familie Goebbels wohnte in dem dreigeschossigen Reihenhaus zur Miete. Bereits wenige Monate später, es wird um die Jahreswende 1897/98 gewesen sein, kauften die Eltern ein schmales Haus an der nicht allzu weit entfernten Dahlener Straße 140. In diesem zweigeschossigen Reihenhaus verbrachte Goebbels den überwiegenden Teil seiner Kindheit und Jugendzeit. Er besuchte in der Nähe die Volksschule und anschließend die Oberrealschule in Rheydt (heute Hugo-Junkers-Gymnasium). Seine Schulzeit endete 1917 mit dem Abitur.

Die Lage der Wohnhäuser des späteren NS-Demagogen in Mönchengladbach-Rheydt sorgt bis in die Gegenwart hinein für Verwirrung. Schuld daran sind die Umbenennungen der Hausnummern im Jahre 1904. Am Haus in der Odenkirchener Straße löschten die Behörden zur Kaiserzeit die Nummer 186 und änderten sie in 202 um. Ähnliches geschah in der Dahlener Straße. Hier wurde aus der Hausnummer 140 die 156.

Nach der nationalsozialistischen Regierungsübernahme Ende Januar 1933 wurden in jeder Stadt zentrale Straßen nach den neuen Machthabern benannt. Im Magistrat der Stadt Rheydt gab es keinen Zweifel daran, dass die Dahlener Straße nun Joseph-Goebbels-Straße heißen sollte. Somit rückte auch das Elternhaus mit der Nummer 156 ins Blickfeld der Öffentlichkeit. Der Besuch des frisch gekürten Ministers für Volksaufklärung und Propaganda am 24. April 1933 trug dazu bei.

Das Geburtshaus von Goebbels in der Odenkirchener Straße 202.

Goebbels Geburtshaus an der Odenkirchener Straße hingegen verschwand allmählich aus dem Bewusstsein der Menschen und spielte, besonders nach Kriegsende, kaum mehr eine Rolle. Somit wundert es kaum, dass nicht wenige der Ansicht waren, es sei bei den Bombenangriffen im Zweiten Weltkrieg zerstört worden. Auch das Haus an der Dahlener Straße geriet weitgehend in Vergessenheit. Beide Häuser aber hatten die massiven Bombenangriffe ohne größere Beschädigungen überstanden.

In die öffentliche Wahrnehmung gerieten sie erst wieder nach Presseberichten im Jahr 2014. Ein Artikel trug die Überschrift „Joseph Goebbels' Geburtshaus wiederentdeckt“. Hierin schrieb die Redakteurin von einem Mönchengladbacher Künstler, der das Haus an der Odenkirchener Straße 202 erworben hatte und entkernen lassen wollte. Der dabei entstehende Bauschutt sollte bei einer Kunstausstellung in Warschau an die Opfer der Nazizeit erinnern. Ein anderer Zeitungsbericht sprach davon, der Künstler wolle mit seiner Aktion eine „Wunde offen halten“.

In der Dahlener Str. 156 verbrachte der spätere Reichspropagandaminister Joseph Goebbels seine Kindheit.

In diesem Zusammenhang thematisierten sie auch die Kindheits- und Jugendjahre des Nationalsozialisten. Dabei traten erhebliche Fehler zutage, die vom Mönchengladbacher Stadtarchiv klargestellt wurden. Zum Glück ereignete sich seither nichts Nennenswertes mehr um die beiden Häuser, die zu Recht wieder im Dunkel der Geschichte stehen.

Heute – Stand Frühjahr 2020 – sind sie unbewohnt und machen einen sehr ungepflegten Eindruck.

Eine dunkle Derby-Seite

Fußball gehört in Deutschland zu den beliebtesten Sportarten. Hunderttausende pilgern jede Woche in moderne Stadien, deren Namen kaum mehr etwas mit dem Verein, sodern vielmehr mit dem jeweiligen Großsponsor zu tun haben und obendrein oftmals den martialischen Zusatz „Arena" tragen. Die Fans jubeln ihren Lieblingen zu. Wehende Fahnen und bunte Kleidung sorgen bei der Mehrheit aller Spiele für eine fröhliche und erlebnisreiche Atmosphäre. Es gibt aber auch dunkle Ereignisse, die im krassen Gegensatz zu fairen und in gegenseitigem Respekt ausgetragenen Wettkämpfen stehen.
In der Fußballstadt Mönchengladbach sind es die eigentlich attraktiven Zusammentreffen mit dem rheinischen Rivalen aus Köln, die in unschöner Regelmäßigkeit für negative Schlagzeilen sorgen. Nun gibt es entlang des Niederrheines mehrere Großvereine, die in „Rheinischen Derbys" gegeneinander antreten. Für die Polizei sind diese Sportereignisse stets von besonderer Brisanz und lösen durchweg die höchste Alarmstufe aus. Spieltag und Spielbeginn legen die Verantwortlichen meist so, dass sie mit den Strategien der Sicherheitskräfte im Einklang stehen. Als gewaltbereit eingestufte Fangruppen müssen bereits auf dem Weg zum Stadion massive Polizeipräsenz in Kauf nehmen. Wenn es notwendig erscheint, werden sie gegen ihren Willen eingekesselt, um Zusammenstöße mit gegnerischen Gruppen zu vermeiden.
Am Niederrhein sind es seit einigen Jahren vier Mannschaften, die den inoffiziellen Titel „Nr. 1 am Rhein" für sich beanspruchen: Fortuna Düsseldorf, Bayer Leverkusen, 1. FC Köln und Borussia Mönchengladbach. Meistens leiten sie ihn vom jeweiligen Tabellenstand ab, aber egal, wer gegen wen antritt, es sind ausnahmslos Hochrisikospiele. So auch am 14. Februar 2015.

Der rheinische Karneval strebte seinem Höhepunkt entgegen und Borussia Mönchengladbach traf am 21. Spieltag der laufenden Saison auf den 1. FC Köln. Wie bei fast jedem Heimspiel war der Borussia-Park auch diesmal wieder bis auf den letzten Platz ausverkauft. Aufgeheizte Stimmung sorgte schon weit vor Beginn der Partie für Aufregung, denn diverse gegenseitige Attacken und Fahnendiebstähle in der Vergangenheit vergessen spezielle Hardcore-Fangruppen nie. Zum Glück sind ihre Blocks in den Stadien weit voneinander getrennt, verbal jedoch durchaus erreichbar. Somit ließen sie auch an diesem Spieltag den aufgestauten Emotionen lautstark freien Lauf und versuchten die jeweils andere Seite mit Schmähgesängen und Verunglimpfungen, nicht selten übelster Art, niederzubrüllen. Höhepunkt der Anfeindungen war das gefährliche Abbrennen von Pyrotechnik. Der Anpfiff verzögerte sich und als es dann endlich losging, war das Ergebnis hinsichtlich der bisherigen Fan-Aktionen durchweg unentschieden.

In der zweiten Halbzeit – Spielstand immer noch 0:0 – gab es weitere ernsthafte Warnzeichen. Aus dem Kölner Fanblock stiegen erneut pyrotechnisch entfachte Rauchfahnen in die Höhe. Wabernd zogen sie über weite Teile der Zuschauerränge und des Spielfeldes, sodass der Unparteiische keinen anderen Ausweg sah, als das Spiel zu unterbrechen. Der Stadionsprecher appellierte an die Einsicht der Fans. Für die Sicherheitskräfte bedeuteten diese Aktionen höchste Alarmstufe, äußerste Aufmerksamkeit war erforderlich.

Doch wider Erwarten gab es zunächst keine weiteren Ausschreitungen. Als sich beide Seiten bereits auf ein Unentschieden eingerichtet hatten, erzielte Borussia Mönchengladbachs Schweizer Mittelfeldspieler Granit Xhaka in der ersten Spielminute der Nachspielzeit (Minute 90 + 1) das vielumjubelte 1:0. Spontan

Schwere Auseinandersetzungen im Borussia-Park 2015.

fielen die Fans aus der Domstadt in Schockstarre, eine Welt brach zusammen. Angespannt warteten Ordner und Polizei auf negative Reaktionen. Aus der Vergangenheit wussten sie um das Fanverhalten im Falle einer Niederlage.

Wie gebannt blickten die Zuschauer auf den Schiedsrichter. Die Stadionuhr zeigte bereits die 95. Spielminute an. „Wann pfeift der Schiri das Spiel ab?" Die einen sehnten das erlösende Signal herbei, während die anderen auf weitere Minuten der Verlängerung hofften. Dann war es so weit: Akustisch ging der Abpfiff zwar im kollektiven Freudentaumel unter, aber die Geste des Unparteiischen hin zum Mittelpunkt zeigte eindeutig: Das Bundesligaspiel zwischen Borussia Mönchengladbach und dem 1. FC Köln an diesem 14. Februar 2015 war beendet. Unbeschreiblicher Jubel auf der einen Seite, hängende Köpfe und Fassungslosigkeit auf der anderen. Und das am Karnevalssamstag, einem für die Kölner so eminent wichtigen Tag in der „Fünften Jahreszeit".

Die Konsequenzen aus dem Frust über die Last-Minute-Niederlage waren wütende Pfiffe, die vom schadenfrohen Jubel der Mönchengladbacher übertönt wurden. Doch dann, die Stadionuhr zeigte auf 17:25 – alle Spieler machten sich auf den Weg in die jeweiligen Fankurven – brachen im Kölner Block die Dämme. Wie aus heiterem Himmel drangen ca. 30 „Ultras“, bekleidet mit weißen Maleranzügen, das Gesicht vermummt, aus dem Oberrang nach unten. Ohne Gegenwehr überwanden sie zunächst die Absperrungen, erreichten ungehindert den Rasen und versuchten in Richtung gegnerischer Fangruppen zu gelangen.

Von dieser offensichtlich geplanten Aktion überrumpelt, bemühten sich die Ordner im Innenbereich den Hooligans mit mutigen Attacken den Weg abzuschneiden, wurden jedoch rücksichtslos zur Seite gestoßen und überrannt. Die vorübergehende Bestürzung unter den Zuschauern schlug in ein gellendes Pfeifkonzert um, pyrotechnische Geschosse flogen aus mehreren Richtungen auf den Platz.

Es dauerte nicht lange und Einsatzkräfte der Polizei stürmten den Hooligans entgegen. Im Angesicht dieser Übermacht gaben sie spontan ihr Vorhaben auf und versuchten zu entkommen. Es kam vielfach zu regelrechten Jagd- und Prügelszenen. Unter massivem Einsatz von Pfefferspray gelang es schließlich, das Vorhaben der Vermummten zu unterbinden. Mehrere von ihnen wurden festgenommen.

Beide Vereine verurteilten in üblichen Statements den Vorfall und distanzierten sich ausdrücklich vom Verhalten dieser „Fans“. Die aggressive Kölner Ultragruppe „Boyz“ erhielt in der Folge von ihrem Verein ein kollektives Stadionverbot.

Mord in der Webersiedlung

Anfang Februar 1933 lag die mit großen Aufmärschen gefeierte Machtübernahme der Nationalsozialisten in Deutschland erst wenige Tage zurück. Gewaltsame Auseinandersetzungen zwischen Anhängern von rechts- und linksextremen Parteien und Gruppierungen waren in fast allen Städten des Reiches an der Tagesordnung. Beide Seiten schreckten vor Waffengewalt keineswegs zurück. Neben erheblichen Sachbeschädigungen waren häufig Tote und Verletzte zu beklagen. Die noch nicht gleichgeschalteten Zeitungen berichteten tagtäglich davon. Auch in Mönchengladbach kam es zu Bluttaten, die in der Bevölkerung für große Bestürzung sorgten. In dieser gereizten Stimmung wuchs berechtigterweise die Furcht vor weiteren Unruhen allenthalben. Eine Tat mit tödlichem Ausgang geschah am 8. Februar 1933, kurz vor Mitternacht. Ort des Verbrechens war die zur Honschaft Engelbleck gehörende Webersiedlung im Stadtteil Neuwerk.

Die insgesamt 55 zweigeschossigen Häuser wurden in den Jahren 1927 und 1928 gebaut und stehen heute unter Denkmalschutz. Mehrere Straßennamen (Spinnerstraße, Weberstraße, Rauherstraße) erinnern an die textile Vergangenheit und Gegenwart der Stadt. Mieter waren überwiegend Arbeiterfamilien. Wie kam es zu der Bluttat?

Die politische Gesinnung der Menschen in der Siedlung glich einem Spiegelbild der damaligen Gesellschaft. Wie fast überall im Reich standen sich Anhänger von KPD und NSDAP feindlich gegenüber. Mit der Machtergreifung Adolf Hitlers hofften auch in in der Webersiedlung viele auf eine Verbesserung ihrer persönlichen Lage. Waren die Bewohner bisher eher links ausgerichtet, liefen nun vor allem junge Menschen zu den Nationalsozialisten über. Das wollten die Kommunisten mit aller Macht verhindern.

An dieser Kreuzung fielen die tödlichen Schüsse auf Wilhelm Esser.

Der allen bekannte Gotfried Peters vollzog dennoch den Wechsel. Daraufhin beschlossen führende KPD-Leute einen Racheakt. Die Ausführung ließ nicht lange auf sich warten. Ihre Agitatoren trafen in der Nachbarschaft zusammen und schmiedeten einen Plan. In der Nacht zum 7. Februar überfielen sie das Haus Gotfried Peters und schossen wild umher. Sein Sohn trug sogar eine leichte Schusswunde am Rücken davon.

Wutentbrannt sannen die Nazis nach Vergeltung für den Überfall. Die Kommunisten ahnten dies und warnten ihre Parteimitglieder in der Siedlung vor möglichen Attacken. Aufgeregt verfolgten die unbeteiligten Anwohner das weitere Geschehen. Einige forderten von den kommunistischen Ortsverbänden der näheren Umgebung Schutz, der auch weitgehend gewährt wurde. Dennoch war allen klar: Niemals würden die Nationalsozialisten diese Schmach auf sich beruhen lassen! Die Polizei wusste ebenfalls von der brisanten Lage und fuhr verstärkt Streife. Gleichwohl konnte sie eine Zuspitzung der Auseinandersetzungen nicht verhindern.

Am Abend des 8. Februar regnete es leicht, die Temperatur lag bei etwas unter 10 Grad Celsius. Im Schutz der diesigen Dunkelheit schlichen überwiegend junge NSDAP-Sympathisanten in die Webersiedlung. Unter seiner grauen Jacke trug jeder von ihnen eine Schusswaffe, auf dem Kopf eine Schlägermütze. Um nicht in einen Hinterhalt ihrer Gegner zu geraten, umgingen sie die üblichen Wege und Straßen. Querfeldein gelangten sie direkt zum Haus von Gotfried Peters. Alles blieb ruhig, die Kommunisten ließen sich nicht blicken. Nach Rache für den Überfall vom Vorabend sinnend, verließen die Nazis in kleinen Trupps das Haus und durchstreiften die Straßen.

Ein plötzlich von irgendwoher ertönender Pfiff versetzte einen ihrer Trupps, etwa 15 Personen groß, in höchste Erregung. Sie hielten ihn für ein Signal an ihre Gegner und befürchteten einen unmittelbar bevorstehenden Angriff. Wie zur Bestätigung tauchte aus einer finsteren Seitengasse der 18-jährige Wilhelm Esser auf, den sie gut kannten. Bis vor wenigen Tagen war er Mitglied der NSDAP, hatte sich jedoch von ihnen abgewandt und bekundete den Vorsatz, der KPD beizutreten. Die Nazis verdächtigten ihn, am Überfall auf das Haus ihres Parteigängers Gotfried Peters teilgenommen zu haben, und hegten gleich den Verdacht, er hätte den Pfiff ausgelöst, um seine neuen Freunde zu warnen.

Dann ging alles Schlag auf Schlag! Esser hielt kurz inne und sprach die Nazis an, wohl um sich verbal zu wehren. Vergeblich. Mehrere Schüsse durchschnitten die Dunkelheit, tödlich getroffen brach Esser zusammen. Zwei Nazis stoppten einen unbeteiligten Radfahrer und forderten den verdutzten Mann auf, schnellstens zu verschwinden. Der erkannte die Gefahr und verließ überstürzt den Tatort.

Einige Anwohner erschienen, von den Schüssen aufgeschreckt, an den Fenstern ihrer Wohnungen. Ganz Mutige liefen auf die

Straße und eilten dem getroffenen Wilhelm Esser, den sie gut kannten, zur Hilfe. Erneut zischten Schüsse. Aus der Nähe erscholl der Ruf: „Straße frei, es wird geschossen!“ Verschreckt ließen die Helfer von dem am Boden Liegenden ab und flüchteten zurück in ihre Häuser. Wilhelm Esser verstarb noch am Ort des Verbrechens. Die Täter flohen in alle Himmelsrichtungen. Es mutet fast wie ein Wunder an, dass bei dieser brutalen Aktion nicht mehr Menschen in Mitleidenschaft gezogen wurden.
Die Polizei erschien wenig später und stellte umfangreiche Ermittlungen an. Am Tatort fanden die Beamten rund zwanzig leere Patronenhülsen, mehrere Personen wurden verhaftet. Der oder die Täter konnten jedoch nicht gefasst werden und somit blieb die Bluttat in der Engelblecker Webersiedlung ungesühnt.

IRA – Bombenanschlag im Hauptquartier

Versucht man heute in den Stadtteil des ehemaligen Hauptquartiers der britischen Streitkräfte westlich von Mönchengladbach zu gelangen, wird man von einem Wachtposten freundlich, aber bestimmt zurückgewiesen. „Zutritt verboten!“, heißt es kurz und knapp. Die Situation erinnert an den September 1987, als ein Bombenanschlag in diesem Gebiet für europaweite Schlagzeilen sorgte und scharfe Kontrollen erforderlich machte.
Unterzieht man sich dennoch der Mühe, einen Blick durch die Absperrzäune zu werfen, schaut man in ein gespenstisch anmutendes Terrain. Nur mit viel Fantasie kann man sich vorstellen, dass hier über sechs Jahrzehnte Soldaten verschiedener Nationen lebten und wichtiger Bestandteil der westlichen Ver-

teidigung waren. Straßenschilder weisen immer noch den Weg in das ehemalige Hauptquartier der Truppen von NATO und Großbritannien. Im Jahre 2013 verließen die letzten Soldaten das Militärgelände. Mehrere Gebäude wurden zwischenzeitlich um- und neu gebaut und dienen seit 2015 als Unterkünfte für Flüchtlinge. Außerdem nutzen Polizeieinheiten Teile des weitläufigen Areals zu Übungszwecken.

Wieso entstand gerade an dieser Stelle ein derartiger Militärkomplex? Dazu muss man kurz in die Zeit der ersten Nachkriegsjahre blicken. Nach dem Ende des Zweiten Weltkrieges gehörte Mönchengladbach zur britisch besetzten Zone. Im Zuge der damaligen Militärstrategien suchten die Briten zu Beginn der 50er-Jahre zwischen Rhein und Maas ein großzügiges Gebiet für die Neuerrichtung eines gemeinsamen Hauptquartiers. Es sollten rund 10.000 Menschen untergebracht werden, in erster Linie eigene Soldaten, viele mit ihren Familien. Die Wahl fiel auf den Rheindahlener Wald, eine Fläche von 4.3 Quadratkilome-

Ein Anschlag der IRA auf das Hauptquartier der britischen Rheinarmee.

tern westlich der Stadt Mönchengladbach. Bereits im Herbst 1954 zogen die ersten Soldaten ein. In kürzester Zeit entstand ein militärischer Stadtteil mit rund 200 Gebäuden, einschließlich Schulen, Kirchen, Kino, Sportplätzen, Geschäften, Versorgungsanlagen usw.

Die zivilen Mönchengladbacher schauten ziemlich emotionslos auf das Geschehen am äußersten Westrand der Stadt. Über ihr Verhältnis zu den international gemischten militärischen Nachbarn im JHQ schrieb die Rheinische Post, es sei „von wohlwollendem Desinteresse geprägt". Irgendwann gehörten die englischen Soldaten einfach „dazu".

Besonders in die Schlagzeilen geriet das Hauptquartier im Frühjahr 1987, als ein Bombenattentat der Irisch-Republikanischen Armee (IRA) über die Landesgrenzen hinweg für Aufsehen sorgte. Aber bereits in den 70er-Jahren standen die britischen Soldaten im Focus dieser verbotenen Organisation, deren Ziel es war, mit Terroranschlägen die Unabhängigkeit Irlands zu untermauern. Der Konflikt fand in den deutschen Medien große Beachtung, zumal er oftmals auf dem Boden der Bundesrepublik ausgetragen wurde. Somit wunderte es kaum jemanden, als die terroristischen Aktivitäten der IRA auch Mönchengladbach erreichten.

Der erste Anschlag geschah im September 1973 auf dem Parkplatz des Globe-Kinos im Hauptquartier. Eine über Zeitzünder ausgelöste selbst gebastelte Bombe ging aus terroristischer Sicht zur falschen Zeit los und richtete glücklicherweise nur geringen Schaden an. Es hätte durchaus zu einer Katastrophe kommen können, denn nur wenige Minuten vorher passierten ca. 250 Kinobesucher den Platz. Weitere kleinere Anschläge folgten, ohne dass auch nur ein Mensch nennenswert zu Schaden kam.

Dies änderte sich am 23. März 1987. Im Clubraum der sogenannten E-Messe, einer der zahlreichen Offiziersmessen des JHQ, kamen an diesem verregneten Montagabend 42 Personen in festlicher Robe zusammen, um zwei Stabsoffiziere zu verabschieden. Unter den Anwesenden befand sich kein britischer Militärangehöriger, es waren durchweg Deutsche, zum Teil mit ihren Ehefrauen. Die Rolle des Gastgebers oblag dem in Mönchengladbach geborenen Generalmajor Hans Hoster. Was niemand von ihnen ahnte: Auf dem Parkplatz vor dem Gebäude stand neben anderen Fahrzeugen ein rotbrauner Volvo, beladen mit ca. 100 Kilogramm TNT. Die Uhrzeiger standen auf kurz vor 22:30 Uhr, das Dinner war beendet und der Gastgeber erhob sich zur Laudatio auf die scheidenden Offiziere. Nur Sekunden später brach die Hölle los!

Eine gewaltige Detonation, die man selbst am anderen Ende der Stadt hören konnte, durchschnitt die fröhliche Stimmung. Blitze zuckten, eine Feuersäule schoss in die regennasse Luft. Schlagartig riss die Druckwelle Fensterscheiben und Türen samt Rahmen aus ihren Verankerungen. Tische, gepolsterte Sessel und weitere Ausstattungsgegenstände schossen meterweit durch den Clubraum.

Im nebenan liegenden Zimmer für Personal hielten sich mehrere Personen auf. Die meisten von ihnen erlitten Verätzungen. Ein Aquarium widerstand dem Druck nicht und landete samt Inhalt außerhalb des Gebäudes. Erschrocken und nach Hilfe rufend versuchten die Anwesenden hinter dem umgestürzten Mobiliar Schutz zu finden, denn man fürchtete eine zweite Detonation, die vielleicht noch schlimmer sein könnte als die erste. Nach Minuten intensiver Anspannung, in denen zum Glück alles ruhig blieb, verließen die Menschen allmählich ihre Deckung. Vom Schock benommen und übersät mit Splittern wussten die meis-

Das ehemalige Hauptquartier verfällt.

ten noch nicht so recht, was geschehen war. Doch eines stand fest: Schnellstens raus hier!

Es dauerte nur kurze Zeit, bis bei Polizei und Feuerwehr die ersten Notrufe eingingen. Mehr als 200 Kräfte in insgesamt 60 Fahrzeugen rasten aus allen Teilen der Stadt herbei. Überall Sirenengeheul und Blaulicht! Den Helfern bot sich ein schrecklicher Anblick. Keiner wusste, wie schwer die Verletzungen der Menschen waren oder ob es sogar Tote gab. Über 30 der anwesenden Personen trugen blutende Schnittverletzungen davon.

Die Druckwelle zerstörte mehrere Fahrzeuge, die vor dem Haupteingang standen, bis zur Unkenntlichkeit. Auf dem nahe liegenden Parkplatz fanden die Ersthelfer ebenfalls zu Schrott deformierte Autos vor. Ein etwa eineinhalb Meter tiefer und zwei Meter breiter Krater ließ vermuten, dass hier eine Bombe explodiert war.

Während Ärzte und Sanitäter Erste Hilfe leisteten, sperrten Sicherheitskräfte den Bereich rund um das Casino weiträumig ab.

Erste Untersuchungen fanden noch in der Nacht statt.

Von den 27 deutschen und vier britischen Opfern des Anschlags waren am Abend des darauffolgenden Tages noch fünf im Luftwaffen-Hospital Wegberg zur stationären Behandlung. Glücklicherweise gab es keine Toten. Schwerere Verletzungen trugen eine Frau sowie der Gastgeber des Abends, Generalmajor Hans Hoster, davon. Ihn trafen Glas- und Metallsplitter mit einer derartigen Heftigkeit, dass er mehrere Tage im Krankenhaus bleiben musste.
Wer waren die Attentäter? Da keine britischen Militärangehörigen anwesend waren, richteten sich die Ermittlungen nach allen Seiten. Doch bereits am folgenden Tag ging ein Bekennerschreiben im Londoner AP-Büro ein, in dem ein „Irisch Republikanisches Pressezentrum" aus Belfast erklärte, man habe den britischen Truppen einen „verheerenden Schlag" versetzt.
Bis Wochenmitte konnte ein völlig zerstörter Volvo 244 L mit niederländischem Kennzeichen als Träger der explosiven Fracht identifiziert werden. Die Attentäter parkten das Fahrzeug ca. 20 Meter vom Casino entfernt, also genau dort, wo sich später der Explosionskrater befand. Ungeachtet aller Verformungen der Karosserie gelang es den Spezialisten der Kripo, die Fahrgestellnummer zu entdecken. Mit diesen wertvollen Angaben ermittelten sie schnell einen Gebrauchtwagenhändler in Den Haag, der den rotbraunen Volvo am 11. März an einen Kunden mit irischem Pass auf den Namen „M. Heaney" verkauft hatte.
Wesentlich schwieriger gestaltete sich die Rekonstruktion des Tattages. Somit blieb am Ende nur die Vermutung, das Auto könnte mehrere Tage im Nachbarland versteckt worden sein. Wahrscheinlich sei es erst am Abend des 23. März ins Hauptquartier gebracht worden. Ein Helfer des Attentäters könnte mit einem anderen Fahrzeug den Stellplatz in Casino-Nähe tagsüber freigehalten haben. Der wahre Täter wurde nie ermittelt.

Die Konvertitin

Im Jahre 2017 feierte die evangelische Kirche den 500sten Jahrestag der Reformation. Ende Oktober 1517 hängte der Wittenberger Mönch Martin Luther seine berühmten 95 Thesen ans Portal der dortigen Schlosskirche. Ein halbes Jahrtausend nach dieser mutigen Aktion zeigten viele gemeinsame Aktionen von Katholiken und Protestanten trotz aller gegensätzlichen Auffassungen die weitgehende Verbundenheit der beiden christlichen Kirchen und ihre ökumenische Zusammenarbeit.

Dass dies nicht immer so war, ist bekannt.

Eine ganz besondere Episode dieser Religionskonflikte, über die man aus heutiger Sicht schmunzeln kann, möchte ich vorstellen. Vor etwas mehr als 300 Jahren, genauer gesagt im Jahre 1716, trug sich diese Begebenheit in der Honschaft Engelbleck zu, die heute zum Stadtteil Neuwerk gehört. Im Archiv der Mönchengladbacher Münsterbasilika befindet sich eine Beschwerdeschrift des damaligen reformierten Predigers an die Regierung in Düsseldorf. In ihr kann man den Ablauf der Ereignisse im ersten Halbjahr des 18. Jahrhunderts genau nachvollziehen.

Hauptprotagonisten waren die katholische Flachsspinnerin Catharina Dockes und der protestantische Leineweber Matthias Breda. Die elternlose junge Frau lebte auf dem gleichnamigen Bauernhof in Engelbleck. Nicht weit entfernt wohnte und arbeitete der aus Mongshof, einer kleinen Ortschaft zwischen Rheydt und Jüchen, stammende Matthias Breda als Geselle bei Meister Peter Drießges. Catharina und Matthias hatten sich kennen- und lieben gelernt und wollten heiraten. Das Problem war, sie gehörten unterschiedlichen Konfessionen an, was in der damaligen Zeit im überwiegend katholischen Mönchengladbach zwangsläufig zu erheblichen Komplikationen führte, denn einer von ihnen musste konvertieren.

Die Situation verschärfte sich, als die junge Frau 1716 schwanger wurde und eine baldige Hochzeit dringend geboten war. Zum Erstaunen aller entschloss sich die gläubige Katholikin Catharina Dockes, ihrer Religion abzuschwören. Am Karfreitag des Jahres erklärte sie dem protestantischen Kirchenrat in Mönchengladbach, sie würde der reformierten Glaubensgemeinschaft vor Ort beitreten. Zu Ostern sollte die erste Proklamation ihrer bevorstehenden Heirat mit Matthias Breda in der kleinen evangelischen Kirche am Spatzenberg offiziell verkündet werden.

Wie zu erwarten dauerte es nicht lange, bis der katholische Stadtpfarrer Bruno Lanio davon erfuhr. Entsetzt sah er sich zutiefst in seiner Seele getroffen. Der Konfessionswechsel eines

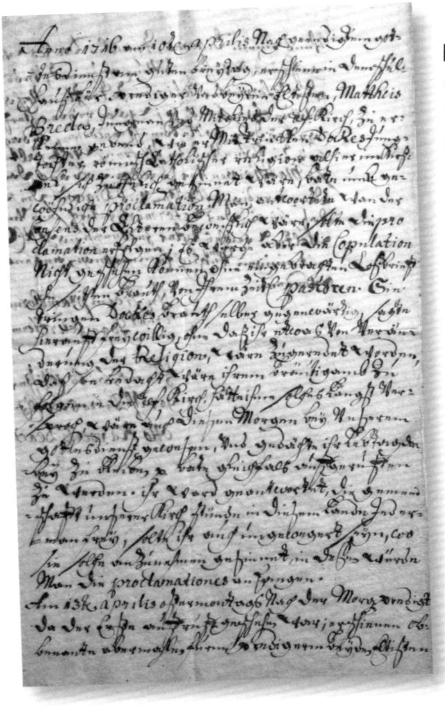

Beschwerdeschrift des Mönchengladbacher Predigers 1716 an die Regierung in Düsseldorf.

seiner Schäfchen – und dazu noch in der Karwoche – war für ihn wie eine Freveltat ohnegleichen. Sein Entschluss stand fest: Das konnte und durfte er nicht durchgehen lassen! Er musste handeln und zwar unmissverständlich. Nach reiflicher Überlegung entschied er sich zu einer spektakulären Aktion. Doch dazu wollte er die Osterfeierlichkeiten abwarten. Schon am frühen Morgen des folgenden Tages rief Bruno Lanio seinen Küster, einen Mann von kräftiger Gestalt, und den Gerichtsboten zu sich. Kurz und bündig erteilte er ihnen den brisanten Auftrag, mit Pferd und Wagen nach Engelbleck zu fahren und die schwangere Catharina Dockes ins Pfarrhaus zu bringen. Falls sie nicht freiwillig mitkommen wollte, durften sie Gewalt anwenden. Nur mit Ach und Krach schafften es Küster und Gerichtsbote, ihre pikante Mission gegen die sich heftig wehrende Flachsspinnerin zu erfüllen.

Im Pfarrhaus gelang es dem Stadtpfarrer trotz aller Bemühungen nicht, Catharina umzustimmen. Sichtlich erbost ordnete er daraufhin an, sie so lange festzusetzen, bis sie sich eines Besseren besonnen hatte, und zwar im Haus des ihm ergebenen Peter Heckers. Sollte jemand unerlaubt mit ihr in Kontakt kommen, drohte er Heckers die erhebliche Strafe von fünfzehn Goldgulden an.

Bräutigam Matthias Breda blieb unterdessen nicht untätig. Zusammen mit seinem Vater und zwei Zeugen erschien er bei Heckers. Nachdrücklich forderten sie die Freilassung der schwangeren Frau, was der Hausherr – eingedenk einer dann zu erwartenden Strafe – rundum ablehnte.

Vater und Sohn Breda nahmen diese Ungerechtigkeit nicht hin und begaben sich am folgenden Tag zum Vogt. Der oberste Hüter von Recht und Ordnung in der Stadt vermied jedoch jeglichen Konflikt mit dem Stadtpfarrer und erklärte sich kurzerhand für

Der original Türbalken des Dockeshofes ist ausgestellt im Museum Priorhaus in Mönchengladbach-Neuwerk.

nicht zuständig. Rigoros verwies er sie an den Gerichtsschreiber. Auch der zeigte sich äußerst unkooperativ und erklärte, erst nach der Zahlung eines Geldbetrages tätig werden zu wollen. Matthias Breda und sein Vater hielten die Forderung für rechtswidrig und lehnten es erbost ab zu zahlen.

Dem Treiben gegen seine Braut wollte Matthias auf keinen Fall zusehen und schmiedete einen Plan, wie er sie befreien konnte. In einer spektakulären Aktion gelang es ihm, Catharina aus dem Haus des Peter Heckers zu holen. Er flüchtete mit ihr zu seinen Eltern nach Mongshof. In der Beschwerdeschrift aus dem Münsterarchiv heißt es, Matthias habe sie auf „einer Kahr" weggeführt. Beide heirateten und Catharina gebar am 11. Juni 1716 eine Tochter. Anschließend zog die Familie zurück nach Engelbleck.

Trotz der nun geschaffenen Tatsachen ließ der katholische Pfarrer sein ehemaliges Schäflein nicht in Ruhe und verlangte für seine Mühen Bettkissen, Spinnrad und Schnürleib im Wert von 22 Reichstalern. Ob das Ehepaar den Forderungen des Pfarrers nachkam, ist aus der Beschwerdeschrift im Münsterarchiv nicht zu entnehmen. Catharina und Matthias lebten jedenfalls bis an ihr Lebensende auf dem Dockeshof.

Der Hauseinsturz in der Viersener Straße 147

„Wie kann es sein, dass sich in der Fassade eines denkmalgeschützten, dreigeschossigen Wohnhauses so gefährliche Risse bilden?“ Diese Frage stellten sich zahlreiche Mönchengladbacher, als sie um die Mittagszeit des 12. Februar 2020 in das Nachrichtenportal ihres Smartphones blickten. An der Viersener Straße im Stadtteil Windberg sollte es passiert sein.
Kurz vor 11:00 Uhr schreckten die Bewohner des Gebäudes mit der Nummer 147 auf, als sie dumpfes Knirschen im Mauerwerk ihrer Wohnungen vernahmen. Plötzlich bröckelte Putz von der Decke und gleichzeitig auftretende Risse an den Wänden ließen das Schlimmste befürchten. Ohne auch nur irgendetwas mitzunehmen, wollten die Bewohner nur eines: raus aus diesem gefährdeten Haus. Was sie zu diesem Zeitpunkt noch nicht wissen konnten: Sie würden nie wieder in ihre Wohnungen zurückkehren!
Die Vorgeschichte: Seit Wochen tobten nebenan Bauarbeiten. Große Bagger hoben tiefe Baugruben aus. Auf dem Gelände einer ausgedienten Tankstelle soll ein riesiger Komplex mit modernen Wohnungen, Büros, Tiefgarage und Lebensmittelmarkt entstehen. Die Verantwortlichen der Stadt Mönchengladbach sprachen von „einem wunderbaren Projekt für die Stadtentwicklung“. Mit dem bestehenden Bebauungsplan waren weiß Gott nicht alle einverstanden. Eine Anwohnerin aus der Nachbarschaft erhob sogar Klage beim Düsseldorfer Verwaltungsgericht.
Zurück zum 12. Februar: Neugierig machten sich mehrere Mönchengladbacher auf den Weg zur Unglücksstelle. Lange brauchten sie nicht zu suchen, blinkende Blaulichter diverser Einsatzfahrzeuge und mehrere Polizeibeamte, die in aller Eile

den Bereich um das gefährdete Mehrfamilienhaus absperrten, ließen Schlimmeres erahnen. Der Verkehr wurde weiträumig umgeleitet, Sicherheitsexperten trafen erste Maßnahmen, dringend musste die Gaszufuhr unterbrochen werden. Einem Feuerwehrmann gelang es, eine Katze aus dem einsturzgefährdeten Haus zu retten. Für mögliche Evakuierungen hielt sich ein städtischer Omnibus in der Nähe auf.

Kleine Menschengruppen standen hinter den Absperrungen und diskutierten mit Arbeitern, die sicherheitshalber die Baugrube verlassen hatten. Aufgeregt zeigten sie auf die breiten Rissen im Gemäuer und nicht weniger aufgeregt auf die tiefen Ausschachtungen nebenan. Nachbarn berichteten von laut krachenden Geräuschen. Die komplette Giebelseite drohte nach rechts abzurutschen. Einige hielten die bizarre Szenerie mit ihren Smartphons fest. Medienleute hasteten herbei.

Fachleute des Bauamtes ordneten an, dass zwei akut vom Einsturz gefährdete Häuser nicht mehr betreten werden durften. Verzweifelt blickten die betroffenen Bewohner auf die instabile Giebelwand, diskutierten hitzig mit Polizei und Fachleuten. Ihre Wertsachen, Kleidung, wichtige Unterlagen und nicht zuletzt das gesamte Mobiliar – von einer Minute auf die andere war alles verloren. Sie hatten nicht einmal ein Dach über dem Kopf.

Letztendlich siegte aber die Einsicht, kein unnötiges Risiko eingehen zu wollen, denn zweifellos drohte Lebensgefahr. Vier Hausbewohner und sechs Menschen aus dem Nachbarhaus mussten evakuiert und für unbestimmte Zeit in anderen Immobilien untergebracht werden.

Um größere Gefährdungen abzuwenden, schien es zunächst erforderlich, die Giebelwand zu stabilisieren, ansonsten wäre ein weiteres Absacken nicht auszuschließen. Eiligst rollten Betonfahrzeuge heran und man unternahm den letztendlich un-

Blick auf die abgesackte Giebelseite. Ein Alptraum für die Bewohner.

tauglichen Versuch, die gefährdete Seite mit großen Betonmassen zu unterfangen.

Wie ging es weiter? Zwei Tage nach der Evakuierung stand fest: Das Haus mit der Nummer 147 konnte nicht mehr gerettet werden. Als einzige Option blieb der kontrollierte Abriss. Vorsichtig näherte sich der lange Greifarm eines schweren Baggers und kratzte die instabile Giebelwand an. Es dauerte nicht lange, bis genau das geschah, was Experten befürchtet hatten. Unter donnerndem Getöse und umhüllt von einer riesigen Staubwolke krachte die gesamte Seite in die Baugrube. Bald schon ergab sich ein spektakulärer Anblick, der den ehemaligen Bewohnern wie ein Alptraum erscheinen musste. Wie eine offene Wunde lagen ihre einstigen Wohnungen für jeden sichtbar da. Wertsachen und Mobiliar waren zum Greifen nah und blieben unerreichbar.

Dennoch wollte man das Unmögliche versuchen. Mit viel Gefühl steuerte ein Baggerführer den Greifarm mehrmals soweit wie möglich in die frei daliegenden Zimmer und versuchte, unter Anweisungen der ehemaligen Bewohner, einzelne Möbelstücke oder Wertgegenstände zwischen den schwankenden Wänden zu erfassen. Diese Arbeit erforderte viel Geduld auf beiden Seiten. Freilich endete nicht jeder Rettungsversuch erfolgreich. Manches ging trotz aller Vorsicht zu Bruch. Erschwerend kam hinzu, dass immer wieder überhängende Reste der Giebelwand abbrachen und unter großer Staubentwicklung in die Tiefe stürzten. Dennoch gelang es, einige mehr oder minder zerstörte Einrichtungsgegenstände zu bergen, zum Teil mit komplettem Inhalt. Manches blieb sogar unversehrt.

Die weiteren Abbrucharbeiten zogen sich bis in die Dunkelheit hinein. Es war dringend erforderlich, lose Mauerreste abzubrechen. Riesige Scheinwerfer wurden installiert und beleuchteten die bizarre Szenerie.

All diese Aktionen lockten natürlich zahlreiche Schaulustige an, allerdings fehlte es auch nicht an Unterstützung für die Geschädigten. Ein Spendenkonto wurde eingerichtet. Bald schon gab es Schuldzuweisungen und Zurückweisungen. Am Ende müssen wahrscheinlich die Gerichte über Schuld und Unschuld entscheiden.

Das Kriegsgefangenenlager Wickrathberg

Tagtäglich rollen unzählige Autos über die A 61 und passieren am Südende des Mönchengladbacher Stadtgebietes das Teilstück zwischen der Abfahrt Wickrath und dem Autobahnkreuz Wanlo. Wohl kaum ein Fahrer ahnt, dass dieser Streckenabschnitt quer durch ein ehemaliges alliiertes Kriegsgefangenenlager führt. Nur wenige kennen den Gedenkstein, der 1988 in unmittelbarer Nähe errichtet wurde. Eine aufgeschraubte Bronzetafel trägt folgende auf den ersten Blick harmlose Inschrift:

ZUR ERINNERUNG AN DAS KRIEGSGEFANGEGENLAGER WICKRATHBERG:
VON APRIL BIS SEPTEMBER 1945 LEBTEN HIER BIS ZU 150 000 DEUTSCHE SOLDATEN UNTER FREIEM HIMMEL.

Rückblende: Anfang März endete für die Menschen in und um Mönchengladbach der Krieg mit dem Einmarsch amerikanischer Truppen. Massenweise gerieten deutsche Soldaten in Gefangenschaft. Schnellstens wurden Lager eingerichtet, um möglichst viele unterzubringen. Dabei bevorzugte man einfache Gras- oder Ackerflächen, in deren Nähe mindestens eine Ortschaft mit Eisenbahnanschluss lag. Die kleine Gemeinde Wickrathberg, südlich von Mönchengladbach gelegen, erfüllte diese Voraussetzungen. Ohne Rücksicht auf die dort ansässigen Bewohner sollte auf einer Fläche von ca. drei Quadratkilometern schnellstens ein Kriegsgefangenenlager errichtet werden.
Ende April 1945 erhielt der von den Amerikanern eingesetzte Wickrather Bürgermeister Franz Otten die Anweisung, Arbeitskräfte, Werkzeug und Material zu beschaffen. Trotz aller Schwierigkeiten gelang es, in kürzester Zeit im Umkreis 300 Männer zwangszuverpflichten. Werkzeuge kamen eigens aus Solingen. Holzmaterial entnahm man den nahe gelegenen Wäldern.
Die Bauern durften in dem beschlagnahmten Gebiet ihre Höfe nicht weiter bewirtschaften und wurden gezwungen, mit Familie, Gesinde und Vieh innerhalb kürzester Zeit anderswo Unterkunft zu suchen. Bereits bestellte Felder mussten aufgegeben werden. Allein dort, wo der Lagerbereich das heutige Stadtgebiet

von Mönchengladbach berührte, traf es 36 Grundeigentümer. Das Mobiliar für die Lagerverwaltung entnahm man kurzerhand aus Schulen der Umgebung. In den ersten Monaten lag die Leitung in Händen der US-Streitkräfte. Als Konsequenz aus der Neuordnung Deutschlands in Besatzungszonen übernahmen am 12. Juni 1945 englische Militärs diese Rolle.

Ohne Schutz vor Regen und Sonne pferchte man 7000 bis 8000 gefangene Soldaten in 32 Camps mit einer Ausdehnung von 400 x 200 Metern pro Camp zusammen. Drei bis vier Meter hohe Stacheldrahtzäune umschlossen das Gesamtgebiet. Wachtürme mit schießbereiter Besetzung vervollständigten die Anlage. Für die notdürftige medizinische Behandlung errichteten die Amerikaner pro Einzelcamp ein Krankenrevier – ebenfalls unter freiem Himmel. Schwer erkrankte Soldaten durften ihre Leiden im Zelt des Lagerlazaretts oder bei ganz schweren Fällen im Stadttheater-Lazarett in Rheydt auskurieren.

Nach einer langen Odyssee im Güterwagen oder auf Viehtransportern zogen im Laufe des Monats Mai lange Reihen deutscher Soldaten, streng bewacht von amerikanischen GIs, durch die Ortschaften Wickrath und Wickrathberg Richtung Lager. Unter ihnen waren viele Jugendliche, die in den letzten Kriegstagen zum „Volkssturm" einberufen worden waren und schnell in Gefangenschaft gerieten. Am Wegesrand standen Menschen und hielten, meist vergeblich, Ausschau nach vermissten Angehörigen. Einigen Gefangenen gelang es sogar, dem einen oder anderen mutigen Passanten am Weg eine Nachricht für die Verwandten daheim in die Hand zu drücken.

Der Lageralltag war geprägt von großen Entbehrungen und menschlichen Katastrophen. Tagebucheintragungen zeugen von erbärmlicher Verpflegung, bei der es an manchen Tagen nur ein paar Esslöffel minderwertiger Nahrung gab. Somit wundert es nicht, dass viele Männer an Unterernährung starben, andere an Infektionskrankheiten, weil Gefangene in ihrer Not Gräser, Getreiderückstände, Runkelrüben usw. ungereinigt aßen. Wasser floss nur zeitweise. Die Ernährungslage änderte sich halbwegs zum Besseren, nachdem die Engländer die Lagerleitung übernommen hatten.

Die hygienischen Zustände waren verheerend. Als Toiletten dienten zunächst ca. 20 Meter lange Gräben in den jeweiligen Camps, später Donnerbalken und primitive Latrinen. Viele Gefangene erkrankten an Ruhr. Zu den besonderen Tragödien zählte, dass die hungrigen und ausgemergelten Soldaten ständig unter freiem Himmel lebten. Nur wenige verfügten über eine Zeltplane. Um sich gegen den häufigen Regen zu schützen, buddelten sie mit Löffeln oder leeren Konservendosen Höhlen in das Erdreich, in die sie hineinkrochen. Es entstanden Tausende Erdlöcher. Diese vermeintlichen Schutzhöhlen verwandelten sich bei Starkregen oft genug in tödliche Fallen, denn das durchnässte Erdreich gab nach, stürzte zusammen und begrub die Menschen unter sich. Gellende Schreie von Erstickenden durchdrangen die Lagernacht. Werkzeuge zur Rettung standen zwar zur Verfügung, wurden jedoch oftmals verweigert oder verspätet ausgegeben.

In vielen Erinnerungen beklagten die ehemaligen Gefangenen den wachsenden Egoismus. Die Menschen gerieten von einer Extremsituation in die andere. Es ging ums nackte Überleben. Nächstenliebe und Kameradschaft blieben häufig auf der Strecke, jeder dachte nur an sich. Selbstmorde sind ebenfalls verzeichnet. Besonders erschüttern die Berichte über verzweifelte Soldaten, die in selbstmörderischer Absicht versuchten, den Außenzaun zu übersteigen und dabei als vermeintlich Flüchtende von den Wachen erschossen wurden.

Nach offiziellen Angaben starben im Kriegsgefangenenlager Wickrathberg 226 Menschen. Eine erstaunlich niedrige Zahl, wenn man das Leid der Menschen betrachtet. Beerdigt wurden die Toten zunächst auf einem Acker bei Wanlo. Jahre später erfolgten Umbettungen, zum Teil in Heimatorte oder auf den neuen Wickrather Ehrenfriedhof.
Die ebenfalls hungernden Bewohner in Wickrathberg und Umgebung versuchten, soweit es in ihren Kräften lag, den Kriegsgefangenen zu helfen. Direkte Hilfe aus der Bevölkerung ließen die Amerikaner nur in den ersten Wochen zu. Danach kümmerten sich Kirchengemeinden beider Konfessionen um die Gefangenen. Bezeichnend ist ein Bericht des katholischen Pfarrers Franz Rixen, 1960 im „Laurentiusboten" erschienen: „Die Bewohner der näheren und weiteren Nachbarschaft haben den im Wickrather Lager Untergebrachten nach besten Kräften geholfen. Selbst von weither, aus den Kreisen Grevenbroich, Bergheim, Geilenkirchen und Kempen brachten Bauern, Geschäftsleute und Geistliche mit Traktoren und Pferdefuhrwerken Kleidungsstücke, Gebrauchsgegenstände und Lebensmittel, vor allem Brot. In der Stadt Rheydt wurde in allen Kirchen eine große Sammelaktion für das Lager durchgeführt." Dankbar sammelten die Gefangenen nach ihrer Freilassung mehr als 300.000 Reichsmark und übergaben sie mit einer Schenkungsurkunde der Wickrather Bevölkerung. Das Geld war in erster Linie für den Wiederaufbau ihrer zerstörten Kirchen bestimmt. Nachdem die Verwaltung Mitte Juni 1945 auf die Briten überging, mehrten sich die Entlassungen. Eigens eingesetzte Kommissionen trieben sie voran. Jeder Freigelassene erhielt ein Übergangsgeld von 40 Reichsmark. Die Auflösung des Kriegsgefangenenlagers Wickrathberg endete im Spätherbst 1945 und nach und nach kehrten die eigentlichen Bewohner des beschlagnahmten Geländes zurück.

Mord in der Sakristei

„Kann eine Frau einfach so verschwinden?“, diese Frage stellten sich im Frühjahr 1952 viele Mönchengladbacher. In gespannter Erwartung verfolgten sie die Ereignisse auf und um den Abteiberg. Es wurde getuschelt, es wurden Vermutungen angestellt, doch niemand wusste etwas Genaues. An den Markttagen standen sie in Gruppen zusammen und kannten nur ein Gesprächsthema: den Verbleib einer jungen Frau, die seit Ende Januar spurlos verschwunden war.

Was die Sache besonders pikant machte: Es war nicht irgendeine Frau, sondern die des weithin bekannten Küsters von St. Maria Himmelfahrt, Johannes Helpenstein, den alle nur Hans nannten. Erst 31 Jahre alt, versah er seinen Dienst mit großer Würde und war bei den meisten Mitgliedern der Pfarre beliebt. Schon bald bedauerten die Menschen den jungen Mann, da seine Frau ihn scheinbar mutwillig verlassen hatte und ihren gemeinsamen, etwas über zwei Jahre alten Sohn herzlos beim Vater zurückließ. Es gab keinen Abschiedsbrief oder auch nur den geringsten Hinweis auf ihr plötzliches Verschwinden.

Wo war sie?

War sie etwa entführt worden?

War sie gar mit einem anderen Mann durchgebrannt?

Elisabeth Helpenstein, ein Jahr jünger als Hans, war fast genauso bekannt wie ihr Mann. Die zupackende Frau stand ihm zur Seite, wo sie nur konnte. Nach Ansicht vieler führten sie eine musterhafte Ehe, die vor zwei Jahren mit der Geburt eines Sohnes gekrönt worden war. Elisabeth nahm es hin, dass ihr Mann abends oft stundenlang unterwegs war, da er ihr erklärte, sein mageres Küstergehalt mit Gesangsvorträgen aufzubessern. Seine Gesangsstimme galt als tragend und war begehrt.

Völlig zerknirscht gab Johannes Helpenstein bei der Polizei zu Protokoll, seine Frau sei am Mittag des 27. Januar 1952 von einem Spaziergang nicht mehr zurückgekommen. Er habe sich Sorgen gemacht und nach ihr gesucht, jedoch keine Spur gefunden. In seiner Not hätte er die Schwiegereltern eingeschaltet und mit ihnen gemeinsam Erkundungen eingeholt. Auch diese Bemühungen waren nicht von Erfolg gekrönt. Daraufhin nahm die Schwiegermutter den kleinen Sohn in ihre Obhut.

Was niemand ahnte: Der Küster hatte nur Stunden zuvor, nach den vormittäglichen Gottesdiensten, seine arglose Ehefrau in die Sakristei gelockt und mit einem bereitgelegten Beil vorsätzlich erschlagen. Damit niemand den Leichnam entdecken konnte, versteckte er ihn in einem luftdicht versiegelten Tresor, dessen Tür aus massivem Stahl gefertigt war. Den Schlüssel trug er fortan stets bei sich. Danach begab er sich bis zum Beginn des Spätgottesdienstes – scheinbar besorgt – auf die Suche nach seiner Frau.

Nach dem Ende seines sonntäglichen Arbeitstages eilte Küster Johannes Helpenstein im Schutz der Dunkelheit schnellstens zum Hauptbahnhof und fuhr mit dem Zug nach Düsseldorf, wo seine nichts ahnende Geliebte ihn bereits erwartete. Sie hatten sich per Zeitungsannonce im November des Vorjahres kennengelernt. Von der wahren Identität ihres Liebhabers hatte die 25-jährige Küchenhilfe aus der benachbarten Großstadt keine Ahnung, denn er gab sich bei ihr stets als der ledige Montageleiter Hans Neuhofer aus. Entgegen ihrer Gewohnheit begleitete sie ihn an diesem Abend nach Mönchengladbach zurück und erfuhr dabei, dass sie es mit dem verheirateten Küster der Hauptpfarrkirche zu tun hatte, dem nur Stunden zuvor die Ehefrau davongelaufen sein sollte. Entsetzt bestand sie darauf, er solle seine Frau unverzüglich als vermisst melden. Die Polizei maß der Anzeige des scheinbar verlassenen Ehemannes keine größere Bedeutung

Das Wohnhaus des Küsters, der seine Frau ermordete.

bei, sondern sah darin nur einen von zahlreichen Fällen gleicher Art, die sich über kurz oder lang von selbst klärten.
Als Elisabeth Helpenstein nicht mehr auftauchte, durchsuchten die Kriminalisten mehrere Trümmergrundstücke in der Umgebung der Kirche mit Spürhunden, ohne Erfolg. Auf Grund anonymer Hinweise dehnten sie ihre Suche weiter aus und vermuteten sogar, die Küsterfrau sei in die damalige sowjetisch besetzte Zone

ausgewandert. Entsprechende Anfragen nach Ostdeutschland blieben freilich ohne Antwort. So vergingen einige Wochen, der Fall Helpenstein wurde immer undurchsichtiger. Die Polizei stand vor einem Rätsel. Elisabeth tauchte einfach nicht wieder auf.
Um in der Sache der möglichen Straftat dennoch voran zu kommen, versuchte die Polizei mit Aufrufen an die Bewohner der Stadt Mönchengladbach Licht ins Dunkel zu bringen. Daraufhin meldeten sich die Eltern eines Kindes, das ihnen erzählt hatte, am 27. Januar Schreie aus der Sakristei gehört zu haben.
Hans gefiel sich währenddessen zunehmend in der Rolle des verlassenen Ehemannes und zeigte nur geringes Interesse an der Aufklärung des Falles, zumal in unregelmäßiger Folge Briefe ohne Absender auftauchten, die ein mysteriöses Verschwinden seiner Frau vermuten ließen. Wie sich später herausstellte, hatte er sie selbst in Umlauf gebracht. Öffentlich äußerte er mehrmals, das Gefühl zu haben, seine Frau lebe noch.
Obwohl nichts wirklich Belastendes gegen ihn vorlag, bezog die Polizei Johannes Helpenstein seit Mitte März 1952 in ihre Ermittlungen mit ein. Anlass dazu war die Bestätigung des Gerüchtes, der nette Hans habe eine Freundin in Düsseldorf. Viele Menschen waren entsetzt und wollten es nicht wahrhaben, obgleich einige besonders Neugierige dies schon seit Langem geahnt hatten.
Die Situation änderte sich für den Küster schlagartig, als sein Vorgesetzter Probst am 15. April des Jahres verstarb und der neu eingesetzte Pfarrverwalter alle Räume und Kammern der Hauptpfarrkirche inspizieren wollte. Johannes Helpenstein geriet in Panik. Er musste handeln. Für ihn bestand kein Zweifel, irgendwann würde der Pfarrverwalter verlangen, den Tresor zu öffnen.
In den frühen Morgenstunden des 21. April 1952 holte er die Leiche seiner Frau heraus und legte sie überstürzt hinter dem Chorgestühl des seitlichen Marienaltars ab. Mit einem lauten Schrei

entdeckte eine Putzfrau zwei Tage später die Überreste der seit fast drei Monaten vermissten Elisabeth Helpenstein. Umgehend wurde der Küster verhaftet und gestand am Abend des 24. April 1952 die schreckliche Tat. Er wurde zu lebenslänglicher Zuchthaustrafe verurteilt. Das Beil, mit dem Helpenstein seine Frau erschlagen hatte, blieb in der Pfarre, verschwand jedoch vor einigen Jahren beim Umbau der Hauptpfarrkirche zur City-Kirche.

Kuno der Killerwels

Im Herbst 2001 geriet die Stadt Mönchengladbach erneut in die Schlagzeilen der nationalen und internationalen Presse. Nein – diesmal hatte es nichts mit Borussia zu tun. Es ging um einen großen Fisch, der einen arglosen Rauhaardackel-Welpen unter Wasser gezogen und allem Anschein nach verschlungen haben soll.
Eine Augenzeugin gab Folgendes zu Protokoll: „Ich habe den Kopf eines Fisches gesehen, der zog den kleinen Hund unter Wasser. Da war eine ältere Dame mit grauen Haaren, die konnte erst nicht fassen, was da passierte. Und anschließend lief sie schreiend davon."
Entsprechend der Zeugenaussage ereignete sich die Tat in den Abendstunden des 8. Oktobers im Volksgartenweiher, einem überschaubaren Gewässer innerhalb eines Mönchengladbacher Naherholungsgebietes im Stadtteil Bungt. An manchen Sommertagen herrscht hier Hochbetrieb, besonders dann, wenn zahlreiche Tret- und Paddelboote unterwegs sind. Nicht weit von der Anlegestelle entfernt soll der Dackel unter Wasser gezogen worden sein.
Der Täter war schnell ausgemacht: Ein etwa eineinhalb Meter langer Riesenwels mit einem geschätzten Gewicht von 30 Kilo-

gramm hatte sich hinterlistig an den im Wasser plätschernden Dackel herangeschlichen und ihn mit Haut und Haar heruntergeschluckt. Da derartige Ungeheuer nicht im Volksgartenweiher vorkommen dürfen, mutmaßte man, es könne nur ein Fisch sein, den irgendwann ein Unbekannter als Jungtier ausgesetzt hatte. Über die nun einsetzende mediale Verbreitung gerieten selbst Experten ins Staunen. Zunächst war es die regionale Presse, dann aber, wie mit einem Paukenschlag, interessierte der Fall fast die gesamte europäische Medienwelt, ja selbst in Übersee berichteten Zeitungen darüber. Es dauerte nur wenige Tage und das Monstrum vom Volksgartenweiher erhielt einen martialischen Namen, unter dem es bis zum heutigen Tag weithin bekannt ist: Kuno der Killerwels.

Nun fragten sich einige Fachleute: Kann es denn überhaupt sein, dass ein Wels einen Dackel angreift und in die moderige Tiefe zerrt? Bislang gab es keinerlei Berichte über ein derartiges Verhalten, gleichwohl stehen auf seinem Speiseplan durchaus Fische, Frösche, Enten, Krebse und Ratten. Als größte einheimische Süßwasserfische können Welse immerhin die stattliche Länge von drei Metern erreichen und bis zu 250 Kilogramm schwer werden. Somit gab es zu Kunos Tat reihenweise Pro- und Contra-Argumente. Es blieb nur, der Sache auf den Grund zu gehen. Die Angaben der Augenzeugin erschienen jedoch zunehmend in einem dubiosen Licht, zumal es nicht gelang, die Besitzerin des getöteten Dackels ausfindig zu machen.

Freilich interessierten diese Fakten im Oktober 2001 nur wenige. Presse und Öffentlichkeit wollten Beweise für die Existenz des Riesenwelses, zumal die zuständige Stelle im Rathaus auf den Plan trat und eine offizielle Bestätigung über den Aufenthalt mindestens eines derartigen Fisches im Volksgartenweiher herausgab. Obwohl eine Gefahr für Spaziergänger ausgeschlos-

Der Volksgartenweiher war der vermeintliche Tatort.

sen wurde, vermuteten einige Bürger: Vielleicht treiben in dem seichten und schlammigen Gewässer ja mehrere dieser Ungeheuer ihr Unwesen. Wer weiß, wer das nächste Opfer ist? Für nicht zuständig erklärte sich hingegen die Polizei.

Derweil trieben kernige Schlagzeilen einiger Journalisten wie „Der mutmaßliche Mönchengladbacher Killerwels schwimmt unbehelligt auf freier Flosse“ den Kuno-Hype auf die Spitze. Nicht verschwiegen werden darf, dass in der Zwischenzeit die Tierschützer in zwei unterschiedliche Lager gespalten waren. So lehnte eine Gruppe vehement die Jagd auf Kuno ab. Ihr Motto hieß: „Kuno darf nicht sterben.“ Die hundefreundliche Gegenpartei präsentierte auf einem Plakat den Slogan: „Wie viele Dackel sollen noch sterben?“ Eine eilig ins Leben gerufene Musikgruppe „Kunos Freunde“ produzierte gar eine CD mit Kuno-Songs.

Der Mönchengladbach-Rheydter Anglerverein von 1935 erhielt als Pächter des Weihers schließlich die Genehmigung, am Samstag, den 13. Oktober, artgerecht Licht in das verworrene Dunkel zu bringen. Viele Mitglieder wussten, dass es Welse im Weiher gab, wenngleich sie stets beteuerten, diese Tiere niemals eingesetzt zu haben. Wie die regionale Presse rechtzeitig bekannt gab, sollte ab

18:00 Uhr die Aktion starten, da der Wels als Grundfisch überwiegend nachtaktiv ist. Mit Booten und vom Ufer aus sollten die Angler Kuno zur Strecke bringen. Als Köder dienten Leibspeisen wie toter Fisch, Hühnerleber und Würmer. Sollte dies nicht gelingen, war man gewillt, ihn mit dem Klang eines „Waller-Holzes“ zu überlisten, dem angeblich kein Wels widerstehen kann.

Kreativität bewies auch der Betreiber des am Weiher gelegenen Restaurants: Demjenigen, dem es gelang, Kuno an Land zu ziehen, winkte als Fangprämie ein kostenloses Abendessen für zwei Personen. Selbst die Speisekarte war mit „Flusswels-Filet“ als Empfehlung bestens ausgestattet. Nach dem Spiel im voll besetzten Borussen-Stadion beim Duell der Heimischen gegen die Dortmunder Borussia, das nur wenige Stunden zuvor stattgefunden hatte, rechnete man am Volksgartenweiher ebenfalls mit einem ausverkauften Haus. So kam es auch. Die Menschen strömten von nah und fern herbei. Bereits nachmittags belagerten ganze Familien mit Picknickkörben das Ufer. Auf den Parkplätzen der Umgebung wurden die Stellplätze knapp. Fahrzeuge mit Kennzeichen aus ganz Nordrhein-Westfalen und sogar aus Holland rollten an. Bier- und Würstchenbuden machten gute Umsätze.

Obwohl im Fernsehen ab 20:15 Uhr die beliebte Unterhaltungssendung „Wetten dass?“ lief, tummelten sich zur gleichen Zeit rund 5000 Beobachter rund um den ansonsten abends ruhig daliegenden Weiher. Nicht jeder hielt die Aktion für gerechtfertigt. Vier voll ausgestattete TV-Teams versuchten bei dieser finalen Jagd jede Bewegung an der Wasseroberfläche einzufangen. Wie gebannt starrten sie auf die grünen Lichter an den Schwimmern der Angelhaken. Tauchte ein Licht unter die Wasseroberfläche, herrschte höchste Alarmstufe. War es Kuno?

Trotz aller Kunst gelang es den Anglern während der mehr als 12 Stunden dauernden Jagd nicht, Kuno in eine Falle oder gar

Kuno tut keinem mehr was.

an den Haken zu locken, mochten die Köder noch so schmackhaft sein. Eine Mitschuld an diesem Misserfolg suchten sie bei den Medienvertretern, denn sobald sich irgendetwas im Wasser regte, schalteten die Helfer der Kameraleute alle Scheinwerfer ein. Der grelle Lichtstrahl vertrieb selbstverständlich den beißfreudigsten Fisch auf Nimmerwiedersehen. Am Ende blieb den Beteiligten nur Galgenhumor und die Erkenntnis, „dass die Leute ihren Spaß hatten und endlich wieder etwas zu lachen". Auf jeden Fall wollten die Angler es wieder versuchen, aber in ruhiger Atmosphäre. Ein Erfolg, sprich den Killerwels an der Angel, blieb ihnen allerdings versagt.
In die Schlagzeilen kam die Geschichte von Kuno erst wieder im Juni 2003. Aus dem Volksgartenweiher bargen Mitarbeiter des Grünflächenamtes der Stadt Mönchengladbach einen toten 1,50 Meter langen und 35 Kilogramm schweren Wels. Sogleich kamen Erinnerungen an jenen Oktober 2001 auf. Obwohl noch bis zum heutigen Tag zahlreiche Menschen an der Existenz eines Ungeheuers in dem seichten Gewässer zweifeln, sollte der 2003 gefundene tote Wels und damit die Geschichte von Kuno der Nachwelt erhalten bleiben. Wohlpräpariert ist er im Museum von Schloss Rheydt zu bewundern.

Weitere Bücher aus der Region

Aufgewachsen in Mönchengladbach in den 40er und 50er Jahren
Magdlen Gerhards
64 Seiten, zahlr. Farb- u. S/w-Fotos
ISBN 978-3-8313-2422-4

Mönchengladbach – Eine liebenswerte Stadt
deutsch/english/français
Magdlen Gerhards, Detlef Ilgner
64 Seiten
ISBN 978-3-8313-2763-8

Geschichten und Anekdoten aus dem alten Mönchengladbach, Rheydt, Wickrath und Rheindahlen
Was die Niers uns flüstert
Wilhelm Gerhards
80 Seiten, zahlr. schw.-w. Fotos
ISBN 978-3-8313-1927-5

Niederrhein
Schlösser, Burgen, Herrenhäuser und Rittergüter
Susanne Wingels
72 Seiten, zahlr. Farbfotos
ISBN 978-3-8313-3252-6

Wartberg-Verlag GmbH
Im Wiesental 1 34281 Gudensberg
www.wartberg-verlag.de
Bücher für Deutschlands Städte und Regionen
Tel. 0 56 03 - 93 05 0
Fax. 0 56 03 - 93 05 28